POSITIVE PARENTING FOR AUTISM
자폐증이 있는 아이를 위한
긍정양육

Victoria M. Boone 저 ㅣ 이승연 · 신지명 공역

학지사

역자 서문

자폐증이나 다른 발달장애를 지닌 자녀를 키운다는 것은 누구에게나 쉽지 않은 일이다. 내 자녀가 이 복잡한 현대 사회에서 스스로 잘 적응하고, 그들의 잠재력을 최대한 발휘하여 잘 성장하기를 바라는 마음은 모든 부모가 똑같겠지만, 자녀가 장애라는 조건 하나를 더 가지고 있는 경우 이 일은 상당히 버겁고 두려운 일이 될 수 있다. 이 책은 그런 자녀를 이해하고 진정으로 돕기 위해 애쓰면서 외롭게 고군분투 중인 부모님들에게 전하는 획기적인 지침서이다.

저자이자 행동분석전문가(BCBA)인 빅토리아 분(Victoria Boone)은 응용행동분석(applied behavior analysis: ABA)의 기본 원리와 개입방법을 부모님들이 이해하기 쉽게 많은 예시를 들어 설명하고, 이를 자녀에게 실제로 적용해 볼 수 있도록 구체적인 절차와 도구를 제공하고 있다. 응용행동분석은 기존의 행동수정(behavior modification)과는 다른 방식이다. 행동주의 심리학에서 발견된 학습의 기본 원리를 적용하여 행동을 변화시킨다는 것은 공통적이지만, 응용행동분석은 치료자가 고안해 낸 임의의 강화와 처벌이 아니라 환경 속에서 그 행동의 동기 또는 기능이 무엇인지를 먼저 파악하여 그에 맞게 행동변화의 방식을 자연스럽게 도출해 낸다는 차별성을 지닌다. 응용행동분석에서는 아이의 행동보다는 사실 그 행동을 둘러싼 환경이 훨씬 중요해진다. 무엇이 그 행동을 촉발시켰는지, 무엇이 그 행동을 계속해서 유지시키는지를 살펴봄으로써 그 환경 속에서 행동이 어떤 역할을 담당하고 있는지에 주목하는 것이다. 다시 말하면, 나를 괴롭히고 힘들게 하고 있는 우리 아이는 사실 큰 잘못이 없다. 그들은 그들 자신의 방식으로 우리에게 끊임없이 의사소통하고 있는데, 다만 우리가 그것을 들여다보는 연습이 되어 있지 않은 것뿐이다.

『자폐증이 있는 아이를 위한 긍정양육』은 장애를 지닌 자녀와 새롭게 의사소통하는 방식을 여러분에게 소개하고, 아이의 바람직한 행동을 증가시키고 문제행동을 줄여 나갈 뿐 아니라, 새로운 행동이나 기술을 형성시킬 수 있는 가장 쉽고도 융통성 있는 방식을 제공한다. 응용행동분석에 기초한 이 전략들은 발달장애를 지원하는 수없이 많은 개입방법 중 과학적 연구를 통해 전 세계적으로 가장 효과적인 것으로 이미 입증된 것들이다. 무엇보다도 ABA는 개인의 강점에 주목하고, 우리가 흔히 놓치기 쉬운 바람직한 행동에 더 많이 주목하여 아낌없이 칭찬하고 강화함으로써 누구나 즐겁게 이 행동변화의 과정에 동참하게 된다는 큰 장점을 지닌다.

한편, ABA에 기초한 양육전략은 장애를 지니고 있는지 여부와는 상관없이 나 자신뿐 아니라 내 주변 사람들의 행동을 변화시키기 위한 가장 강력한 전략이다. 따라서 이 책은 자폐증이나 다른 발달장애를 지닌 아이의 부모님뿐 아니라 자녀를 키우고 있는 어떤 부모님이든 한 번쯤 반드시 읽어 보시기를 추천하는 바이다. 정말로 우리 아이가 기쁘고 행복해지기를 원한다면, 그리고 그 아이와 함께해야 하는 나 역시도 행복해지기를 원한다면, 주저하지 마시고 이 책을 읽어 보기 바란다. 저자가 강조하듯이, 여러분이 이 행동변화의 전략들을 포기하지 않고 일관되게 적용만 한다면 분명 아이에게서 바람직한 변화를 관찰할 수 있을 것이다.

역자들은 응용행동분석을 대학에서 가르치거나 실제 치료 현장에서 적용하고 있는 전문가로서, 응용행동분석을 적용하여 부모의 양육기술을 변화시키고자 하는 이 책의 가치에 주목하여 여러 번 읽고 논의하여 번역에 신중을 기하였다. 이 책이 나올 수 있기까지 도움을 주신 학지사 김진환 사장님과 편집부 정은혜 과장님께 깊은 감사의 마음을 전하며, 이 책이 부모님들께 든든한 길잡이가 될 수 있기를 기대해 본다.

역자 대표 이승연

서론

행동치료사이자 행동분석 전문가(Board Certified Behavior Analyst: BCBA)로 오랜 세월 일해 오면서, 나는 어떻게 하면 자폐증을 지닌 아이들을 더 잘 지원할 수 있는지 알아내기 위해 수백 명의 가족 구성원, 교사, 특수교육 전문가를 만나 왔다. 나는 셀 수 없이 많은 직원과 양육자를 대상으로 훈련과 심리교육을 제공해 왔는데, 이는 그들이 돕고 있는 특수한 요구를 지닌 아이들의 삶을 긍정적이고 영속적인 방식으로 변화시키는 것을 목표로 한다.

자폐증을 지닌 자녀를 키우는 것은 부모가 마주할 수 있는 가장 힘든 책임 중 하나이다. 직장, 가정, 사회적 관계, 그리고 외부 일들을 동시에 다루어야 할 때, 장애를 지닌 자녀의 부모로서 자신의 삶을 잘 관리하면서 자녀의 성장과 발달을 지원하기 위해 자신이 할 수 있는 모든 것을 다하고 있다고 느끼기란 어려울 수 있다. 자폐증을 지닌 자녀의 특수한 감각 및 학습 요구를 고려해야 하며 끊임없는 문제행동을 해결해야만 하는데, 이 모두가 자녀가 잘 성장하기 위해 필요한 기술들을 가르치려 애쓰는 동안 발생한다.

장애를 지닌 아이들은 서로 다르며, 그들 부모의 양육 목표 또한 서로 다르다. 어떤 부모에게 일차적 목표는 자신의 1학년생 자녀가 생애 첫 단어를 말하게 하는 것이고, 어떤 부모에게 우선순위는 자

녀가 새로운 사람을 만나게 될 때 눈을 맞추고 악수하는 것을 학습
하도록 돕는 것이다. 모든 부모는 자녀가 유용한 적응기술과 독립
심을 발달시키기를 원한다. 그러나 자폐증을 지닌 자녀가 이러한
목표를 달성하도록 돕는 것은 너무 어려워서 도대체 어디서부터
시작해야 할지 감을 잡을 수 없을 것이다. 좋은 소식은 자폐증을 지
닌 자녀가 당신이 꿈꾸는 목표들을 이루고 심지어 그것을 뛰어넘
도록 도울 수 있는 강력하고도 과학적으로 입증된 기법들이 존재
한다는 것이다. 응용행동분석(applied behavior analysis: ABA)은 자
폐증을 지닌 사람들을 위한 최적의 표준 치료법으로, 당신의 자녀
가 필수적인 생활기술을 발달시키도록 도울 수 있게 긍정적인 강
점 기반 전략들을 사용하여 당신에게 힘을 실어 줄 것이다.

　나는 전문가로서 이 강력한 ABA 기법들―내가 매일같이 사용
하고 있는 도구들―을 부모와 양육자처럼 그것을 가장 필요로 하
는 사람들이 직접 사용할 수 있도록『자폐증이 있는 아이를 위한
긍정양육』을 썼다. 운 좋게도 거주 지역 내에서 훌륭한 지원 서비
스를 받고 있다고 해도 집에서도 훈련을 계속할 때에만 자녀가 학
교나 특수 프로그램에서 보이는 진전이 유지될 수 있음을 당신은
분명 알고 있을 것이다. 이는 많은 가족에게 어려운 주문인데, 그
들은 자신의 바쁜 일상 속에서 자녀의 훈련 프로토콜을 통합시키
기 위해 고군분투할 것이기 때문이다. 이 책은 당신이 자녀의 현재
훈련 프로그램을 더 잘 이해할 수 있게 도울 뿐 아니라 어떻게 하
면 가정에서 자녀의 요구와 목표에 맞춘 전략들을 시행할 수 있는
지 가르치기 위해 특별히 고안되었다.

　이 책은 구체적인 도구를 제공하여 자녀의 긍정적 행동은 늘리
고, 동시에 원치 않거나 문제가 되는 행동은 줄이기 위해 개별적인

행동변화 계획을 개발하도록 돕는다. 각 행동변화 계획은 문제행동을 줄이고 제거하기 위해 자녀에게 필수적인 적응행동과 기술을 가르침과 동시에, 자녀의 독특한 강점을 사용하도록 고안된 긍정적 방법을 사용한다. 각 장을 통해 당신은 핵심적인 ABA 개념에 익숙해질 것이며, 풍부한 예시를 통해 그 개념이 실제 적용되면 어떤 모습일지 알게 될 것이다. 이러한 예들 다음에는 구체적인 기법을 제시하여 자녀의 삶에서 변화시키고자 하는 특정 행동을 목표로 하는 개별화된 프로그램을 만들 수 있게 할 것이다.

나는 당신이 이러한 강력하고 수정 가능한 ABA 기법들을 사용하여 끊임없이 변화하는 자녀의 요구를 지원할 때 이 책이 좋은 길잡이가 될 수 있기를 희망한다. 일관되게 시행할 경우 거의 즉각적으로 주목할 만한 결과가 나타날 것이다. 당신이 내가 함께 일하는 부모들과 유사하다면, 당신은 자녀가 학습하고 성장하며 또한 당신이 그들을 위해 꿈꿔 온 밝은 미래를 향해 자녀가 자신들의 여정을 시작하게 될 때 자녀가 보이는 진전에 놀랄 것이다.

차례

9장 **'한 명의 아이를 키우려면 온 마을이 나서야 한다'**

교사, 훈련자, 그리고 다른 양육자와의 협력

10장 **밝은 미래**

1장

이 책의 사용법

이 책은 어떻게 다른가

자폐증으로 진단받는 사람의 수가 전 세계적으로 계속해서 증가하면서, 효과적인 개입과 유용한 자원에 대한 필요 역시 증가하고 있다. 나와 수년간 일해 온 많은 가족은 자폐증을 지닌 자녀에게 필요하고 그들이 당연히 받아야만 하는 서비스를 얻기까지 얼마나 많은 시간과 노력이 드는지에 대해 좌절감을 호소해 왔다. 많은 경우 그들이 사는 지역의 서비스 제공자는 한두 명으로 국한되기 때문에, 가족들의 바쁜 일정에 맞춰 융통성 있게 시간을 조율하는 것은 거의 불가능하다. 이는 자폐증이 있는 자녀를 키우는 것만으로도 힘든 상황에서 실행상의 문제까지 더하게 된다. 무엇보다도 보험이나 지역 프로그램의 보조금이 없다면, 이러한 전문화된 서비스는 가족들에게 매우 비쌀 수 있다.

지금 부모들은 과거 어느 때보다도 가정에서 자녀의 치료를 시행하거나 보조할 수 있는 방법들을 찾고 있는데, 화상회의나 다른 기술을 통해 장거리에 있는 전문가들을 만나고, 더 흔하게는 자녀를 돕는 데 유용한 치료기법을 스스로 학습하기 위해 필요한 자원을 구매하기도 한다.

오늘날 시장에는 자폐증에 관한 책들이 많이 있다. 어떤 책들은 진단을 이해하거나 특수교육 시스템을 헤쳐 나가는 법을 배우는 등의 주제에 초점을 맞추고 있고, 또 다른 많은 책은 부모와 양육자에게 가정에서 직면하는 행동 문제에 대처하기 위한 전략들을 가르친다. 그러한 입문서들이 많은 유용한 정보를 담고 있긴 하지만, 내용이 너무 복잡하고 기계적이거나, 아니면 가정/직장의 많은 요구와 자녀의 요구 사이에서 균형을 잡고자 고군분투하고 있는 부모들에게는 말 그대로 너무 벅찬 것일 수 있다. 불행하게도 책이 너무 어려워서 끝마칠 수 없다면, 그 책이 가르치고자 하는 전략들이 가진 진정한 이득은 결코 얻지 못하게 될 것이다.

행동분석전문가(BCBA)로서 나는 자녀가 건강한 변화를 만들고 삶을 더 잘 헤쳐 나갈 수 있게 돕는 방법을 찾고 있는, 바쁘고 근심 가득한 부모들과 수년간 일해 왔다. 그들은 종종 학교, 의료인, 다른 전문가들에게서 받은 경쟁적인 조언들을 이해하느라 힘겨워한다. 나는 부모들이 문제행동을 다루는 방법, 아이의 강점을 기반으로 아이를 격려하는 방법에 대해 지극히 현실적이고 실제적인 조언을 원한다는 것을 알고 있다. 이 점이 바로 이 책이 나오게 된 배경이다. 나는 당신과 같은 부모들이 수년간 나와 함께 공유해 온 어려움과 도전들에 대한 직접적 반응으로 이 책을 쓰게 되었다.

『자폐증이 있는 아이를 위한 긍정 양육(Positive Parenting for Autism)』은 자폐증에 관한 많은 책처럼 과학에 근거하고 효과가 입증된 원리/전략들의 집합인 응용행동분석(applied behavior analysis: ABA)에 기초하였다. 그러나 ABA에 관한 대부분의 책과 달리, 이 책은 자폐증을 지닌 아이의 부모이자 일련의 독특한 도전과 경험을 지닌 부모, 즉 바로 당신을 위해 쓰였다. 나는 당신이 이러한 새로운 기술과 전략들이 일상생활에 어떻게 관련되는지 이해할 수 있도록 ABA 정보뿐 아니라 내 치료 경험에서 얻은 실생활의 예들을 포함시켰다.

『자폐증이 있는 아이를 위한 긍정 양육』의 철저하고 실제적인 지침은 자녀의 삶을 긍정적이고 지속적으로 변화시키기 위해 이러한 효과적인 역량 구축 기법들을 사용하는 것에 대해 당신이 자신감을 갖도록 해 줄 것이다. 이 책을 다 읽었을 때에는 원리에 대한 견실한 기초와 가정에서 기꺼이 시행할 수 있는 명확하고 사용하기 쉬운 전략들을 갖게 될 것이다. 당신은 자신만의 가정용 프로그램을 개발하기 위해 이 책의 도구들을 곧바로 사용하기 시작할 수 있고, 아이의 잠재력을 최대한 드러내는 데 한 걸음 더 가까워질 것이다. 이 기법들은 세계 곳곳의 전문가들이 사용하는 것과 동일한 증거 기반 기술이며, 이를 일관되고 정확하게 사용한다면 원하는 결과를 반드시 얻게 될 것이다.

응용행동분석은 무엇인가

응용행동분석(ABA)은 건강한 행동은 장려하고 문제행동은 할 필요가 없도록 개인의 직접적인 환경을 변화시켜 긍정적이고 사회적으로 적응적인 행동을 강화하는 것에 집중하는 과학이다. 우리는 변화시키기 원하는 행동의 직전과 직후에 발생하는 사건들에 초점을 맞춤으로써 어떤 결과가 우리가 원하는 행동을 강화할 가능성이 큰지, 현재의 어떤 행위가 문제행동을 지속시키고 있는지 결정할 수 있다.

ABA는 우리가 가르치고 증가 또는 감소시키려 애쓰는 행동에 직접적으로 영향을 미치는 아이 환경 내 사건들을 수정하는 데 초점을 맞춘다는 점에서 독특하다. 나는 가장 중요한 것, 즉 최대한 충만한 삶을 살기 위한 내담자의 잠재력에 초점을 맞추고 그들의 삶을 향상시키기 위해 ABA를 사용한다. 일반적으로 ABA는 우리가 왜 그 행동이 일어나는지 이해하도록 도우며, 기존 행동을 체계적으로 형성(shaping)하고, 부적응적인 행동을 감소시키고, 새로운 기술을 가르치기 위한 도구들을 제공한다.

ABA는 20세기 중반에 처음으로 유명해지기 시작하였지만, 그 뿌리는 행동주의(behaviorism)로 알려진 심리학 영역이 태동한 1800년대 후반으로 거슬러 올라간다. 행동주의의 아버지는 심리학자인 존 왓슨(John Watson)이다. 왓슨의 시대에는 의식적 사고와 무의식적 사고, 즉 발생하고 있음을 볼 수 없는 은밀한 인지적 기능을 주로 연구한 연구자들이 심리학을 지배하였다.

왓슨은 다른 사람들이 보거나, 듣거나, 경험할 수 있는 방식으로 우리가 하는 모든 것, 즉 관찰 가능한 인간 행동을 연구할 것을 주장함으로써 행동주의 운동을 창시하였다. 왓슨에 따르면 이 또한 인간 심리를 이해하기 위한 중요한 방법이다. 실제로 왓슨과 다른 초기 행동주의자들은 단순히 행동을 분석함으로써 모든 것을 설명할 수 있다고 믿었다. 이러한 견해는 1940년대 심리학자인 스키너 (B. F. Skinner)가 등장하여 우리가 생각이라고 부르는 사적 사건들 (private events)을 인간 행동에 포함시켜야 한다고 주장할 때까지도 크게 변하지 않았다. 1945년 스키너가 행동에 대한 그의 독특한 입장을 동료들과 나누었을 때, 그것이 너무도 새로워서 그들은 그의 생각을 급진적이라고 이야기하였다. 그러나 스키너의 급진적 행동주의(radical behaviorism)는 ABA라는 현대적 분야를 위한 길을 닦았는데, ABA는 연구자들이 발견했던 인간 행동의 원리를 사용하여 행동을 형성하는 개입방법을 고안한다.

오늘날 ABA는 자폐증을 지닌 사람들에게 연령이나 기능 수준과 상관없이 가장 효과적인 치료방법으로 알려져 있다. 연구에 따르면 매주 최소 25시간의 ABA 훈련을 받은 아이는 다른 유형의 치료를 받았던 아이들에 비해 더 적은 시간에 더 많은 기술을 발달시킨다. 이는 당신이 ABA 기법을 매주 25시간씩 시행해야만 한다는 뜻은 아니다. 이러한 전략들을 일관되게 사용하는 것만으로도 원하는 변화에 더 가까워질 것이다. 조금씩이라도 ABA 기법을 시행하는 것은 크게 도움이 된다.

ABA는 많은 다른 유형의 행동적 및 심리적 어려움들을 다루는 데 효과가 있을 뿐 아니라 여전히 계속해서 자폐증 치료의 선도자이다. 이는 ABA가 인간의 행동과 환경을 종합적으로 바라보도록 해 주며, 무한히 응용할 수 있는 방식을 찾게 하여 매력적이고 흥미진진한 방식으로 새로운 기술을 가르칠 수 있게 돕기 때문이다.

ABA는 어떻게 당신을 도울까

장애를 지닌 자녀를 양육하는 것은 쉬운 일이 아니다. 당신 아이는 학교에서 집중하기 어렵고, 일과에 변동이 생기면 문제행동을 일으키며, 또는 자신이 원하는 것을 다른 사람에게 알리거나 아침에 옷을 입는 것처럼 단순한 과제로 보이는 것들에서 도움이 필요할 수도 있다. 이러한 어려움과 다른 많은 도전은 당신의 스트레스를 쉽게 높이고 어찌할 바 모르겠는 기분이 들게 할 수 있다.

당신만 그런 것이 아니다. 흔히 부모들은 자녀에게 어느 정도의 독립성을 부여할 수 있는 적응기술이 발달되도록 도우면서, 동시에 자녀가 스스로의 욕구를 충족시키도록 도울 수 있는 방법들을 찾아 헤맨다. ABA는 이 목표를 달성하는 데 매우 유용한데, 이 도구가 다음과 같은 것들을 할 수 있게 만들기 때문이다.

- 자녀의 어떤 행동들이 왜 일어나는지를 더 잘 이해할 수 있게 한다.
- 자녀의 요구와 의사소통 방식에 더 잘 맞출 수 있게 한다.
- 자녀에게 새롭고 더 효과적인 의사소통 방식을 가르칠 수 있게 한다.
- 독립성과 유대를 촉진하도록 돕는 적응적인 생활기술(예: 자기관리와 위생, 대처기술, 사회성 기술, 필요한 것을 요구하기)을 자녀에게 가르칠 수 있게 한다.
- 다른 사람들과 유대를 맺도록 돕는 친사회적 행동의 발달을 장려할 수 있다.

- 문제행동을 감소시키면서 동시에 자녀에게 더 효과적인 긍정적 대체행동을 제공하는 것에 초점을 맞출 수 있게 한다.

ABA는 우리에게 주어진 가장 철저하게 연구되고 검증된 개입방법 중 하나이며, ABA를 통해 당신은 50년 이상 자폐증과 다른 발달적 어려움을 지닌 아이들을 도왔던 기법들을 사용하기 위해 필요한 모든 정보를 얻게 될 것이다.

ABA는 또한 치료 영역 밖에서조차 다양한 전문가에 의해 사용된다. 실제로 건강/웰니스(wellness) 코치, 인사 부문, 교사, 스포츠 전문가, 심지어 카지노까지 이러한 기법들을 사용한다. 예를 들어, 건강/웰니스 코치는 ABA를 사용하여 내담자의 환경을 수정하고 건강하지 못한 행동들을 줄이고 건강한 행동 가능성은 늘리는 계획을 만들게 될 것이다. 한 가지 전략은 부엌 문 쪽에 철봉을 설치하는 것인데, 이는 조금이라도 운동을 할 기회를 끼워 넣는 단순한 환경적 변화이다. 직업 환경에 적용할 때 ABA 원리는 조직적 행동관리(organizational behavior management: OBM)로 명명된다. OBM 전략들은 개인과 집단의 수행을 증진시키기 위해 사용된다. 이런 예들은 ABA가 일상생활에서 우리 주변 세계를 향상시키는 데 사용되는 많은 방법 중 극히 일부이다.

무수히 많은 다른 시나리오에 ABA와 그 원리를 응용할 수 있다는 것은 일단 이 기법들을 배우고 익숙해지면 어떤 상황이나 사람이든 간에 목표행동을 늘리거나 줄이기 위해 당신에게 맞는 속도로 이 기법들을 사용할 수 있게 된다는 점을 의미한다. 이 책의 좋은 점은 지난 수 세기 동안 다양한 영역에서 전문가들이 사용해 온 바로 그 기법들을 당신에게 가르치는 것에 집중한다는 것으로, 당신 역시 그것을 통해 자신의 삶과 주변 사람들의 삶을 성공적으로 향상시킬 수 있게 될 것이다.

어떻게 내 아이를 여기에 참여시킬까

ABA에 대해 새로운 가족과 일하기 시작할 때, 내가 받는 가장 흔한 질문은 "어떻게 내 아이를 여기에 참여시킬 수 있죠?"와 "아이가 이 프로그램을 싫어하면 어쩌죠?"이다. 어떤 일과라도 변화는 스트레스를 야기하며, 원활하게 진행하기 위해서는 그러한 변화에 초점과 일관성이 필요하다. 아이의 기능 수준이나 기질이 어떻든 간에, 아이를 참여시키는 것에 대한 내 대답은 항상 같다. 바로 동기이다.

적절한 보상이 있으면, 사람들은 모든 것에 행복하게 적응할 수 있다. 적절한 보상을 찾는 것이 관건인데, 그렇게 해야 자녀가 여러 어려운 순간과 원치 않는 변화를 견뎌 낼 것이기 때문이다. 예를 들면, 당신의 노력에 대해 정기적으로 월급을 받을 수 없음을 알게 된다면 직장에서의 수행이 영향을 받게 될 것이다. 동기가 떨어질 뿐 아니라 생산성과 상사의 계획에 참여하고 싶은 욕구도 떨어질 것이다. 마찬가지로 당신 자녀도 프로그램을 시작하기 위해 동기화되고 흥분될 필요가 있는데, 특히 도전의식을 북돋우는 것일수록 그러하다. 이는 적절한 유인물을 사용함으로써 성취 가능하다.

일반적으로 아이들은 칭찬을 듣고, 재미를 느끼고, 유능하다고 느끼기를 원한다. 이 세 가지 욕구는 부모에게 성배(聖杯)라고 할 것이다. 그것들은 아이가 신나서 당신의 계획에 참여하고 이를 시작하기 위한 열쇠이다. 긍정적 행동에 대해 아이가 보상받을 수 있는 더 많은 기회를 만드는 것은 행동변화를 위한 어떤 좋은 계획에 든 다 포함된다. 당신은 ABA를 사용하여 아이에게 어떤 행동을 하면 원하는 강화제를 얻게 된다는 것을 가르칠 것인데, 이는 이러한 적절한 행동에 참여하고 심지어 더 많은 강화제를 얻고자 하는 동기를 만들어 낸다. 간단한 것처럼 들리지만, 이러한 순환은 믿을 수 없을 정도로 강력하다. 나는 아이들이 자신이 쌓아 가고 있는 새로운 역량에 대해 너무나 흥분하여, 자신이 다른 어떤 것들을 할 수 있는지 또는 어떻게 다른 사람들에게 도움이 될 수 있는지 묻는 것을 보아 왔다. 훈련가로서 이건 매우 기분 좋은 일인데, 당신도 올바른 강화제를 찾아낼 때 자녀로부터 똑같은 이야기를 듣게 될 것이다.

ABA는 좋은 행동, 긍정적 상호작용의 기회, 강화 등 '좋은 것들'을 늘려 나가고, 문제행동, 힘겨루기, 도움이 되지 않는 의사소통 등 '그다지 좋지 않은 것들'은 줄여 나가는 것이 전부이다. 부모로서 당신은 자녀가 향상되는 것을 도울 뿐 아니라 자녀가 좋아하는 프로그램을 만들 수 있는 힘을 가지고 있다. 아이든 어른이든 모두 정적 강화와 성취감으로 성장하며, 그들은 그러한 기회를 늘릴 수 있는 행동을 자연스럽게 하게 될 것이다. 때로 자신이 무엇을 하고 있는지를 인식하지도 못한 채 말이다. 당신이 아이가 잘 행동하고 있음을 알아채고 그들의 성공을 강조할 때마다 아이는 ABA가 얼마나 재미있을 수 있는지 알게 될 것이다.

효과적인 강화는 각 아이마다 달라 보일 수 있다. 어떤 아이들에게는 상상놀이나 음악을 듣는 것이 좋아하는 활동이지만, 다른 아이들은 혼자 있는 시간을 선호할 것이다. 기억해야 할 가장 중요한 점은 강화는 당신 아이만큼이나 고유한 것이어야 한다는 것이다. 당신과 당신 아이가 무엇이 그들을 계속해서 동기화시키고 함께하고 있는 작업에 몰두하게 만드는지 발견할 때까지 여러 다른 선택지를 꾸준히 탐색하라. 또한 아이의 선호가 시간에 따라 바뀔 것이라는 사실을 명심하라. 따라서 당신이 목표를 향해 노력하는 동안 탐색은 계속되어야 한다.

부모들에게는 내가 그들 자녀와 함께하는 대부분의 회기가 그들이 생각하는 '작업'이라기보다는 놀이와 칭찬에 더 가까워 보이지만, 자녀의 행동이 매우 향상되었다고 종종 내게 말한다. 사건의 진상은 내가 실제로도 대부분의 시간을 재미있는 활동을 하고 강화를 제공하는 데 쓰고 있다는 것이다. 그러나 어떤 다른 방법이 아이의 수준에 맞추고 그들과 즐거운 시간을 보내며 모든 성취에 대해 그들을 칭찬하는 것보다도 아이를 더 많이 참여시킬 수 있을까? 다른 모든 것과 마찬가지로, 연습은 완벽을 만든다. ABA는 유용한 기술들이 있는 진정한 금광과 같은데, 처음에는 그것들을 시행하는 것이 매우 버겁게 느껴질 것이다. 한 번에 모든 것을 시도할 필요는 없다. 이 책은 당신을 위해 과정을 단순화시키며, 아이가 그것을 할 수 있고 당신 역시 할 수 있음을 상기시켜 준다.

시작하려면 무엇을 해야 하나

이 책을 읽음으로써 당신은 이미 자녀의 삶에 긍정적 변화를 촉진하기 위해 한 걸음 더 가까이 움직였다고 할 수 있다. 각 장은 이러한 행동변화 과정에 중요한 여러 개념이나 기법을 나누어 소개하고 있다. 당신의 새로운 가정용 ABA 프로그램을 지원하기 위해, 각 장의 대부분은 '행동 계획'이라는 절을 포함하고 있다.

각 행동 계획은 해당 장에서 논의된 주요 개념들을 포함하는 구체적 행동변화 계획을 만들고 시작하기 위해서 어떤 단계들이 필요한지 안내할 것이다. 그 후에 나는 개입방법, 기록지 구성방법, 관련 자료 수집방법을 차례대로 설명할 것이고, 당신은 새로운 지식을 즉각적으로 사용할 수 있게 될 것이다. 각 장에 포함된 기록지 예시는 그 과정이 어떻게 진행되는지 알 수 있게 도울 것이다.

시작하기 전에, 아날로그 또는 디지털 타이머뿐만 아니라 개입 아이디어를 브레인스토밍하고 자료 수집 기록지를 작성할 큰 공책, 펜 또는 연필이 필요하다. 또한 워드나 엑셀 프로그램으로 기록지를 만들 수도 있는데, 그것들을 출력하거나 컴퓨터에 저장할 수 있다. 부록(175쪽)에 기록지 양식이 있는데, 원한다면 그것을 복사할 수도 있다. 어떻게 하기로 결정하든 간에, 가장 중요한 것은 자신이 사용할 시스템에 편안함을 느끼는 것이다. 이 모든 것이 잘 준비되면, 시작할 때가 된 것이다.

요점

- ABA의 목적은 아이를 둘러싼 환경에 초점을 맞춤으로써 사회적으로 의미 있는 행동을 향상시키는 것이다.
- ABA는 50년 이상의 시간 동안, 사용 가능한 최고의 자폐증 치료 개입 중 하나—단 하나의 최고가 아니라고 한다면—로 남아 있다.

- ABA 원리를 이해하고 적용함으로써, 당신은 변화시킬 목표를 식별하고 잘 고안한 행동변화 계획을 시행할 수 있게 된다.
- 자녀의 동기와 강화제에 대한 욕구를 이용하여, 당신은 자녀의 성장을 촉진하고 그들의 삶의 질을 증진시킬 무제한의 기회를 만들어 낼 것이다.

당신 아이는 당신에게 무엇을 말하고 있나
ABA를 사용하여 숨겨진 메시지 해독하기

말보다 행동일 때

의사소통은 우리가 다른 사람들과 의미 있는 방식으로 관계를 맺기 위해 필요한 필수품이다. 의사소통이 없다면 우리는 함께한다는 느낌, 그리고 우리의 요구를 표현하고 타인의 요구에 반응하는 능력을 잃게 된다. 지구상에는 70억 명 이상의 사람이 있고 전 세계적으로 6,500개의 언어가 사용되지만, 인간의 의사소통 중 93% 이상이 비언어적이다. "말보다 행동"이라는 오랜 속담은 여러 방면에서 사실이다. 우리가 하루에 얼마나 많은 시간을 서로 상호작용하면서 보내는지 생각할 때, 놀랍게도 우리가 하는 상호작용의 대부분은 서로 말하지 않고도 발생한다는 것을 알 수 있다.

흔히 우리는 타인이 우리에게 직접적으로 말하는 것보다 그들이 어떻게 행동하는지를 통해 그들의 요구와 동기에 대해 더 많이 알게 된다. 이는 제한된 언어기술을 지닌 아이의 부모들에게 훨씬 더 사실로 다가온다. 단지 아이가 말을 하지 않거나 신경학적 문제가 없는 아이들이 하는 의사소통 방식을 사용하지 않는다고 해서 그들이 아무것도 말할 것이 없음을 의미하지 않는다는 사실을 기억하는 것이 중요하다. 그들은 우리와 똑같은 요구와 욕구를 가지고 있다. 그들은 단지 자신의 요구를 만족시키기 위해 다른 방식의 의사소통을 하고 있는 것이다. 자폐증을 지닌 많은 아이는 완전하게 의사소통하는 한 가지 방식만을 가지고 있는데, 그것은 바로 그들의 행동이다. 이것이 바로 ABA가 이러한 아이들에게 매우 유용한 한 가지 이유이다. ABA는 그들이 무엇을 하고 있는지에 주목하고 그러한 행동들을 단서로 사용하여 어떻게 그들을 가장 잘 도울 수 있을지를 결정한다.

ABA는 아이가 우리에게 말하려 애쓰는 것을 뜻하지 않게 잘못 해석하고 있진 않은지 우리가 알 수 있게 하는 도구를 제공한다는 점에서 마찬가지로 중요하다. 예를 들어, 아이가 울 때 그 울음의 목적을 잘못 해석할 가능성이 있다. 배가 고프기 때문에 운다고 가정할 수 있지만, 실제로는 피곤하거나 화장실에 가고 싶어서일 수 있다. 아이에게 과자를 준다고 해 보자. 아이가 계속 운다면, 우리는 아마도 우리가 아직 파악하지 못한 다른 요구나 욕구를 의사소통하려는 것이라고 생각할 수 있다. 우리는 다른 일련의 선택지—"목마르니?" "눕고 싶어?"—를 빨리 살펴보게 될 것이고, 하나하나 제거해 가며 결국 정확한 답을 얻게 될 것이다. 아이를 화장실에 데려간 후에야 비로소 울음을 멈춘다면, 우리는 아이가 소변을 보고 싶었다고 안전하게 추론할 수 있다. 일단 울음이 어떤 요구를 의사소통하려 한 것인지 알게 되면, 우리는 아이가 더 효율적인 방식으로 자신의 요구를 신호할 수 있도록 **화장실**이라는 단어나 화장실 가리키기와 같은 구체적 행동을 가르칠 수 있다.

아이가 말이 없다면, 적어도 처음에는 수신호가 요구를 의사소통하는 최상의 방법일 수 있다. 그러나 아이가 말할 수 있든 그렇지 않든 간에, 당신이 얻을 수 있는 가장 중요한 정보는 흔히 비언어적인 것이다. 그 통찰이 바로 개입방법으로서 ABA의 성공을 가능케 한다. ABA는 행동 뒤의 진정한 동기가 무엇인지 알아내기 위한 도구를 제공하며, 당신이 아이의 행동 뒤에 숨겨진 메시지를 해독할 수 있게 돕는 열쇠와 같다. 아이의 행동을 분석하여 메시지를 해독하는 것과 동일한 방식으로, 당신은 환경을 변화시켜서 아이가 더 적응적이고 친사회적인 행동을 할 수 있게 안내하는 메시지를 만들어 낼 수 있다.

수사 업무

탐정의 역할은 미스터리를 풀기위해 필요한 수사를 하는 것이다. 그들은 관련된 정보를 수집하고, 오래된 기록이나 데이터베이스를 찾고, 객관적인 관찰을 하면서 수사를 한다. 마찬가지로 당신도 탐정이고, 당신 앞의 행동적 미스터리를 풀기 위해 정보와 관찰에 기초하여 충분한 증거를 수집하는 것이 목적이다.

이렇게 하는 한 가지 방식은 아이가 다른 행동들을 할 때 아이의 주변에 무슨 일이 벌어지고 있는지를 알아차리는 것이다. 예를 들어, 목욕할 시간이라고 말할 때마다 아이가 떼를 쓰기 시작한다면, 아이는 아마도 화장실의 불빛이 너무 밝거나 물의 온도를 좋아하지 않기 때문에 목욕하기 싫다고 말하려는 것일 가능성이 크다. 이와 유사하게, 만약 설거지를 하라고 하거나 방을 청소하라고 말할 때마다 하품을 하고 졸린 듯이 행동한다면, 지나치게 하품하는 행동이 그 일을 하는 것을 피하기 위한 시도라고 추론할 수 있다.

당신의 목표가 친사회적 행동을 늘리는 것이든 부적응적 행동을 줄이는 것이든, 또는 자녀의 행동목록에 새로운 기술을 형성하는 것이든 간에, 아이의 현재 행동과 앞으로 보기 원하는 행동들 뒤의 '왜' 그리고 '어떻게'를 아는 것은 원하는 행동변화의 목표를 계획하고 그에 도달하는 것을 돕는다. 이를 위해 ABA 전문가들은 기능적 행동평가(functional behavior assessment: FBA)를 실시한다.

기능적 행동평가(FBA)는 관찰에 기초한 분석적 과정으로, 행동의 기능(또는 목적)을 결정하고, 그 기능을 더 적절하게 충족시키는 방법들을 브레인스토밍하고, 원하는 행동변화를 더 잘 지원하기 위해 환경 내에 어떤 변화를 만들어야 하는지 결정할 수 있도록 돕는다. FBA는 부모의 관찰뿐 아니라 가능하다면 아이의 삶 속에 있는 다양한 사람으로부터 아이의 현재 행동 패턴에 대한 정보를 수집하기 때문에, ABA 전문가들이 수사 업무의 상당 부분을 할 수 있게 돕는다. 간단히 말하면, 우리는 아이가 하는 어떤 행동(긍정적 및 부정적), 그리고 이와 함께 행동 전, 그 과정 동안, 그리고 그 후에 발생하는 사건들에 주목한다.

가능한 행동 경향성이나 패턴들을 면밀하게 바라봄으로써, 당신은 아이가 보내고 있는 숨겨진 메시지를 해독하고 아이의 메시지 전달 능력을 향상시키는 방법을 찾는 데 한 걸음 더 가까워진다. 성공적인 FBA의 기초는 행동변화의 세 가지 요소, 즉 ABC를 인식하는 능력에 달려 있다. 다음 절에서 이들 요소를 나누어 설명할 것이고, 당신은 각 행동의 이유를 평가하는 방법을 더 잘 이해하여 궁극적으로 행동변화 계획을 만드는 최상의 방법을 결정할 수 있게 될 것이다.

ABC를 학습하기

ABA가 어떻게 작동하는지 진정으로 이해하기 위해서는 ABC를 학습하는 것부터 시작해야 한다. 행동분석의 ABC는 거의 알파벳만큼이나 배우기 쉬우며, 내 생각에 그것들은 정말로 기본적이다. ABC는 '선행사건(antecedent)' '행동(behavior)' '결과(consequence)'를 뜻하며, 이것들은 성공적 행동변화 프로그램의 구성요소이다. 일단 이것들을 이해하게 되면, 행동변화의 '왜'와 '어떻게'를 숙달하기 위한 과정에 잘 들어선 것이다. 나는 각 ABC 용어의 정의를 구분하는 것에서 시작할 것이며, 우리는 그 개념들을 더 잘 설명하기 위한 예들을 탐색할 것이다.

선행사건인 A는 변화시키고 싶은 행동의 직전에 발생한 어떤 것이다. 선행사건은 상황이나 사건 등 아이의 환경 내의 어떤 것이 특정 행동을 보게 될 가능성이 크다고 신호를 보내는지에 대해 당신에게 통찰을 제공할 것이다. 행동 그 자체인 B는 선행사건 후 아이가 말하거나 행하는 어떤 것이다. 결과인 C는 행동 후에 일어나는 것으로, 이는 그 행동이 다시 일어나게 될 가능성을 높이거나 줄이는 효과를 가질 수 있다.

우리는 "네가 잘못 행동하면 그에 따른 **결과**가 있을 거야!"라고 말할 때처럼 흔히 결과를 처벌과 연합시킨다. 그러나 ABA에서 결과는 긍정적일 수도 있고 부정적일 수도 있다. 생산성 증가로 직장에서 보너스를 타거나 과속운전으로 범칙금을 내는 것처럼 말이다. 결과는 행동 후에 일어나고 행동에 어떤 효과를 가져야만 한다. 결과에 대해 기억해야 하는 가장 중요한 점은 결과가 미래에 행동이 증가할 것인지 또는 감소할 것인지를 결정한다는 것이다. 결과는 주어진 행동을 증가시키거나 감소시킨다는 점에서 강화제(reinforcers)이거나 때로 처벌제(punishers)이다.

ABC가 어떻게 사용되는지를 보여 주기 위해 나는 두통의 예를 사용할 것이다. 보통 두통이 생긴 것처럼 느끼기 시작할 때, 대부분의 사람은 일단 약물이 작용하기 시작하면 두통이 사라질 것이라 믿으며 어떤 종류이든 진통제를 먹을 것이다. 이 시나리오에서 **선행사건**은 우리가 느끼는 고통, 즉 두통의 발생이다. 그 고통에 반응하여 약을 먹는데, 이것이 **행동**이다. 이상적인 **결과**는 더 이상 두통이 없는 것이지만, 이 시나리오에서 가능한 모든 결과를 분석해 보자. 만약 약을 먹은 후에 두통이 줄어드는 것이 결과라면, 약이 효과적이라는 것을 알기 때문에 미래에 두통이 생겼을 때 그 약을 먹을 가능성이 커진다. 이 경우, 약을 먹는 것이 **강화되었다**(reinforced)고 말한다. 만약 결과가 그 반대라면, 즉 두통이 계속되거나 더 나빠졌다면, 미래에 그 약을 훨씬 덜 먹게 될 것이다. 이 경우에 약을 먹는 것은 계속되거나 더 커진 고통으로 **처벌받게 된다**(punished). 이처럼 ABC는 두통과 같은 단순한 것에서조차 우리의 행동을 형성하게 된다.

이후의 장들에서 강화와 처벌에 대해 더 깊이 살펴볼 것이지만, 여기서는 이것들이 ABC에서 가능한 두 가지 주요 결과라고 기억해 두자. 일단 그것을 기억하면, 자녀의 삶과 일상 기능을 향상시키기 위한 행동변화의 여정을 시작하는 데 한 걸음 더 가까워진 것이다.

선행사건, 행동, 결과에 대해 알게 되었으므로 ABC 기록지에 이와 같은 자신만의 FBA를 시행할 수 있게 된다.

ABC 기록지 예시				
시간	선행사건	행동	결과	가능한 기능 (또는 목표)

ABC 자료를 수집하는 첫 단계는 방해받지 않고 아이의 행동을 관찰하고 기록할 수 있는 시간을 마련해 두는 것이다. 행동이 일어날 때마다 첫 번째로 할 일은 시간 열에 그것이 발생한 시간을 적고 행동 열에 아이가 한 정확한 행위를 쓰는 것이다.

그다음에는 선행사건 열에 그 행동 전에 발생했던 것을 쓰고 결과 열에 그 행동 후에 일어났던 것을 쓰면 된다. 그 행동이 일어날 때마다 행동에 대해 이런 정보를 계속해서 채워 나가게 되면, 당신은 어떤 패턴을 알아차리기 시작할 것이다. 예를 들어, 행동은 항상 다른 누군가에게 주의가 주어지거나 좋아하는 어떤 것이 제거되었을 때 발생할 것이다. 이러한 패턴은 당신에게 왜 이런 행동들이 애초에 발생하게 되었는지를 더 잘 설명할 수 있는 단서를 줄 것이고, 이를 마지막 열에 기록하면 된다.

ABA의 실행: 한나 이야기

일곱 살 한나의 어머니는 딸의 문제적인 '머리카락 자르기' 행동에 대해 걱정하였다. 한나는 언어 능력이 제한적이었기 때문에, 그녀의 어머니는 한나가 왜 계속해서 자신의 머리카락을 잘라 내는지 추측을 해야만 하였다. 초기 면담 동안, 한나의 어머니는 아무리 한나의 머리카락을 위로 묶거나 얼굴에 닿지 않게 해도 한나는 아무도 보지 않을 때 항상 머리카락 몇 가닥을 찾아내어 잘라 내곤 한다고 말하였다. 머리 길이를 더 짧게 하고 방해되지 않게 하면 머리카락을 그냥 둘 것이라고 믿으며 한나를 미용실에 데려가도, 한나는 마치 자기 인형의 머리카락이기라도 한 것처럼 계속해서 머리카락을 잘라 낼 방법을 찾아냈다.

한나가 왜 그렇게 단호하게 머리카락을 자르는지 알아내기 위해 2주간 시도한 후, 나는 이것이 어쩌면 풀리지 않을 미스터리가 될 것 같다고 걱정하기 시작하였다. 내가 그들의 집에 가서 한나의 머리카락을 자르는 행동 직전과 직후에 무엇이 일어나고 있는지 관찰하여 자료를 수집하기 시작하기 전까지는 말이다. 나는 그녀의 환경 속 어떤 사건들이 이 행동을 설명할 수 있을지 더 면밀히 지켜보기 위해 ABC 자료를 기록하기 시작하였다. 자료 수집을 한 지 3일째쯤에 나는 한나의 어머니가 한나에게서 주의를 떼는 순간 한나가 머리카락을 자른다는 것을 알게 되었다.

한 가지 예로, 한나의 어머니는 자신이 친구와 전화 통화를 하고 있을 때 한나가 가위를 찾아 머리카락을 다시 자르기 시작하고 있는 것을 보고는 놀라서 전화를 끊었다. 한나의 머리카락 자르는 행동의 결과는 그녀의 어머니가 전화를 끊고 한나에게 주의를 기울이기 시작한 것이었다. 두 번째에는 한나의 어머니가 요리를 하고 있었고 한나가 다시 머리카락을 자르려고 하는 것을 발견하자마자 가위를 치우고 요리를 멈추었다. 셋째 날에는 머리카락 자르는 행위를 한나의 어머니가 발견할 때마다 한나가 어머니로부터 받게 되는 주의에 의해 그 행위가 강화받고 있음이 명확해졌다.

전형적으로, 어떤 행동이 주의에 의해 유지될 때, 우리는 부적절한 관심 추구 행동(attention-seeking behavior)을 무시하여 그 행동이 더 이상 목적을 달성하지 못하도록 하는 계획을 고안한다. 그러나 이 시나리오에서 관심 추구 행동은 가위 사용을 포함했기 때문에, 나는 단순히 한나를 무시하는 것은 안전하지 않다고 결정하였다. 대신 우리는 한나에게 어머니의 관심을 얻는 사회적으로 더 적절한 방법을 가르치면서 문제행동도 줄이기 위한 세 부분으로 구성된 개입을 사용하였다.

첫 번째 부분은 머리카락을 자를 가능성을 제거하기 위해 집에서 모든 가위와 머리카락을 자를 수 있는 도구들을 제거하는 것이었다. 우리는 또한 한나와 어머니가 규칙적으로 함께 보내는 시간을 증가시켰다. 만약 한나가 어머니에게서 충분한 관심과 사회적 칭찬을 받는다면, 어머니가 다른 일들로 바쁠 때 주의를 구하기 위해 애쓸 필요가 적어질 것이기 때문이다. 마지막으로, 우리는 한나에게 어머니나 다른 양육자의 관심을 얻기 위해 손을 들거나, 그들의 어깨를 두드리거나, 아니면 "잠깐만요."라고 말해야 한다고 가르쳤다. 우리는 이 개입을 다음 한 달간 계속하였다. 한나가 적절한 방식으로 요청했을 때 그녀가 원한 관심을 주는 식으로 적절한 관심 추구 행동을 강화하면서 천천히 가위를 다시 집에 놓기 시작하였다. 우리의 계획은 대성공이었다. 한나가 왜 그렇게 행동하는지 이해하기 위해 ABC를 사용하자마자, 우리는 그녀의 행동이 표현하고 있는 요구를 만족시킬 수 있는 새로운 방법을 발견하는 데 집중할 수 있었다.

결과를 측정하기

이 책을 따라가면서 스스로 행동변화 프로그램을 만들기 시작하게 됨에 따라, 당신은 진전을 모니터링하기를 원할 것이다. 진전을 모니터링하는 것은 목표에 얼마나 가까이 왔는지 알게 하고, 계획이 효과가 없을 때 정보에 입각한 의사결정을 할 수 있게 충분한 정보를 제공한다. 계획이 효과가 없더라도 좌절하지는 말라. 전문가인 나조차도 개입 계획이 이 특정 학습자에게 잘 맞는지, 아니면 더 성공적일 수 있게 무언가 수정해야 하는지 결정하기 위해서 아이의 진전을 규칙적으로 검토하는 것을 최우선으로 삼고 있다.

앞서 언급했듯이 자료를 수집함으로써 계속적으로 기록을 유지하는 것은 매우 중요하다. 기록을 유지하는 것은 무엇이 효과적이고 무엇이 효과적이지 않은지를 지속적으로 볼 수 있게 해 준다. 이는 또한 다음에는 어떤 방향으로 움직여야 하는지를 결정할 때 훌륭한 정보원이다. 정보 수집 계획과 시스템을 가지고 있지 않은 한, 당신 자녀가 성공적인 결과를 보이기 위해 무엇이 필요한지를 이해하는 것은 가끔 어려울 수 있다.

예를 들면, 예전에 나는 내담자에게 혼자서 샤워하는 방법을 가르치고 있었다. 우리는 3~4개월간 샤워하는 것에 대해 집중하고 있었다. 나는 그녀에게 각 단계를 순서대로 말로 설명하고 실제 샤워를 할 때 그녀 스스로 씻을 수 있게 촉진(prompt)을 사용하곤 하였다. 나는 그녀가 보이는 것보다는 훨씬 더 독립적이라고 믿었지만, 그녀는 여전히 많은 촉진을 필요로 하였다. 알고 보니 그녀의 어머니가 여전히 너무 많은 촉진을 사용하고 있었고, 이는 딸이 촉진에 의존하도록 만들었다. 나는 어머니가 일주일간 딸의 독립적인 샤워 일과에 대해 스스로 자료를 수집한다면, 우리가 다른 목표를 위해 작업할 수 있게 될 것이라고 어머니와 협상하였다. 자료 수집이 시작되고 일주일 후, 내담자의 어머니는 자신의 딸이 얼마나 적은 도움을 필요로 했는지 스스로도 믿을 수 없어 하였다. 그녀는 스스로 자료를 모을 수 있었던 것이 큰 도움이 되었다고 말하였다. 이는 그녀로 하여금 딸이 혼자서 할 수 있는 단계들과 빼먹고 있는 단계들이 무엇인지 식별할 수 있게 해 주었고, 회기가 진행되지 않는 동안 딸이 샤워를 할 때 훨씬 더 초점화된 접근을 할 수 있게 만들었기 때문이다. 일주일 내에 그녀의 딸은 혼자서 샤워를 할 수 있게 되었다.

계획을 만들고 자료를 수집하는 것은 이 어머니에게 집중할 목표와 성공을 향한 명확한 길을 제공하였다. 자료 수집이 얼마나 강력한 도구인지 놀라울 뿐이다. 이후 각 장에서 각 행동 계획을 모니터링 할 수 있는 기록지를 만들도록 도울 것이고, 이는 각 목표를 향한 아이의 진전을 추적할 수 있게 할 것이다.

아이를 위한 최상의 프로그램 만들기

당신 자녀는 할 수 있는 것, 개별 요구, 행동들에서 다른 아이들과 다르다. 사실 자폐스펙트럼장애를 지닌 모든 사람에게서 유일하게 동일한 점은 장애의 **이름**뿐이다. 이것을 제외하고는 이 진단명을 지닌 어떤 사람도 서로 같지 않다.

모든 아이는 특별하고 그들의 정체성과 주변 세상과의 상호작용에 중요한 고유의 특성들을 가지고 있다. 이것이 바로 아이 각각이 그들의 요구를 가장 잘 만족시키고 그들의 개인적 강점과 단점을 고려한 개별화된 행동변화 프로그램을 필요로 하는 이유이다. 따라서 어떤 두 개의 ABA 프로그램도 같지 않다. 각 프로그램은 아이의 강점을 최대화하고, 개선이 필요한 영역들에서 추가적인 지원을 제공하고, 적응적인 생활기술을 형성하고 유지하며, 문제행동을 줄이려 애쓸 것이다. 당신의 ABA 프로그램은 자녀가 어떤 발달적 단계에 있든지 간에 아이에게 맞는 독특한 방식으로 이러한 목표를 공략할 것이다. 아이가 상대적으로 강점을 보이는 영역들을 고려하면서 아이의 요구를 독특하게 다루는 계획을 만들 때, 이는 아이가 성공할 수 있게 만들고 개인적 성장과 능력의 가능성을 증가시킬 것이다.

ABA의 아름다움은 넓은 범위의 환경과 사람들에게 적용 가능하다는 점과 당신의 요구를 만족시키기 위해 각 전략이 실행될 수 있는 융통성에 있다. 어떤 부모의 ABA 프로그램은 아이가 특정 사물이나 활동을 적절하게 요청하고, 신발 끈을 묶고, 독립적으로 옷 입는 것을 가르치는 것에 초점을 맞추고 있을 것이다. 다른 부모의 목표는 아이의 문제행동 빈도를 줄이고, 그들이 더 좋은 대처기술을 사용하고, 더 독립적인 생활 및 직업기술을 발달시키도록 돕는 것일 수 있다. 자녀의 ABA 여정을 위한 당신의 목표가 무엇이든지 간에 사용하는 기본적 기술은 동일하다. 그러나 아이를 위해 정한 목표에 도달하기 위해 그 기술들을 어떻게 실행하는가는 차이가 있을 것이다.

당신은 자녀에 대해 가장 많은 정보를 지닌 전문가이다. 당신은 다른 사람들은 할 수 없는 방식으로 아이의 요구와 성장이 필요한 영역들을 이해한다. 당신은 어떤 사람보다도 아이의 적응기술, 그들의 보통 일과와 행동 패턴, 의사소통이나 상호작용에서의 어려움, 문제행동에 대해 더 잘 알고 있다. 따라서 부모로서 당신의 역할은 ABA 치료과정에서 가장 중요한 부분이다. 부모로서 당신은 자신과 가족을 위한 최상의 실행 계획을 만들 수 있을 뿐 아니라 자녀와 일하는 다른 전문가와 양육자에게 새로운 행동변화 계획을 어떻게 지원할 수 있는지를 가르칠 수도 있다. 당신이 당신의 ABA 프로그램을 효과적으로 전달하고 중요한 피드백이나 성공을 위한 팁을 제공할 때, 당신 자녀가 여러 장소에서 여러 사람에 의해 이러한 기술들을 연습하게 될 것임을 확신하게 될 것이다. 이는 이러한 긍정적 변화가 지속될 가능성을 증가시킨다.

요점

- 수사 업무는 자녀가 '왜' 그렇게 행동하는지의 미스터리를 풀고 응집력 있는 행동 계획을 세우는 것을 돕는 데 결정적이다.

- 당신은 자녀에 대한 전문가로 기능하며, 그들의 삶의 질을 극적으로 향상시킬 기술들을 가르치는 기회를 가지고 있다.
- 자녀의 요구를 평가하기 위해 먼저 그들 행동의 기능(또는 목적)을 결정하고, 그들이 이러한 요구를 효과적으로 의사소통하도록 도울 대안적 방법을 개발하라.
- 우려하는 행동을 유지시키는 선행사건과 결과를 분석하는 데 시간을 쓰고, 이 정보를 바탕으로 긍정적 행동변화를 이끌 효과적인 계획을 고안하라.

3장

강화의 힘을 선택하기

강화란 무엇인가

　강화제(reinforcer)는 행동 발생 후에 주어지고, 행동이 미래에 다시 일어날 가능성을 증가시키는 어떤 것이다. 다른 말로 하면, 이는 행동 증가를 돕는 일종의 결과이다. 강화제를 보상처럼 기능하는 것으로 생각하라. 아이가 방을 청소한 후 아이스크림으로 보상한다면, 당신이 방을 청소하는 행동을 좋아하고 그것을 더 많이 보기 원하기 때문이다. 이것이 바로 강화(reinforcement)가 작용하는 방식이다. 주의해서 사용할 경우, 당신이 좋아하는 행동의 빈도를 늘리려는 급한 목표는 충족될 것이다. (부모들은 때로 제거하기 원하는 행동을 우연히 강화하지만, 이에 대해서는 후에 더 자세히 다루겠다.)

　강화는 효과적인 행동변화 프로그램의 기초이다. 강화라는 전략의 성공은 사용하는 강화제의 효과성에 크게 의존한다. 예를 들어, 십 대 자녀가 집안일을 마칠 때마다 용돈을 주는 것은 그 용돈이 자녀로 하여금 집안일을 하도록 동기화시킨다면 강화로 간주될 수 있다. 또 다른 예는 어린 자녀가 저녁 식사에 나온 모든 야채를 다 먹었을 때 TV를 20분 더 시청할 수 있게 하는 것이다. 각각의 경우 강화제는 부분적으로는 아이의 연령대에 기초하며, 아이의 동기에 부합한다.

강화는 부모에게 유례없이 가치 있는 도구인데, 기구를 적절히 사용하도록 학습하는 것부터 자동차를 운전하는 방법을 학습하는 것까지 넓은 범위의 다양한 행동을 가르치는 데 사용될 수 있기 때문이다. 강화는 자폐증을 지닌 아이를 양육할 때 직면하는 많은 또는 대부분의 어려움을 다루도록 돕는 데 사용될 수도 있다. 강화는 또한 긍정적이며 아이의 강점에 기초한 방식으로, 그들에게 새로운 행동을 가르치고 기존의 행동을 수정하게 한다는 점에서 특별하다.

강화를 사용하면, 당신은 잘못한 것들을 바로잡거나 처벌하는 대신에 아이가 **올바르게** 행동한 것에 대해 보상하기 위해 거의 대부분의 시간을 쓰게 된다. 강화에 기초한 프로그램에서 아이는 목표를 향해 가는 과정 내내 자신의 성장을 인식하고 스스로에 대해 자랑스러워하며 자신의 진전을 모니터링하고 충분한 격려를 받을 수 있는 많은 기회를 갖게 된다. 여러 연구에 따르면 규칙적으로 강화를 받은 아이들은 해마(hippocampus)의 크기가 10% 증가했는데, 해마는 정서조절, 학습, 기억 형성을 돕는 뇌의 일부이다(Luby et al., 2016). 당신의 말과 행동이 문자 그대로 아이의 정서적·지적 성장에 영향을 미친다.

다음 절에서는 서로 다른 유형의 강화를 구분하고 각각이 아이의
행동을 향상시키기 위해 어떻게 사용될 수 있는지 설명할 것이다.

정적 강화 대 부적 강화

강화의 두 가지 유형은 **정적**(positive) 강화 및 **부적**(negative) 강화
이다. 강화과정에 적용될 때 이 용어들은 당신에게 익숙한 것과는
약간 다른 의미를 가지고 있다. 여기서 **정적** 및 **부적**은 각각 '좋은'
과 '나쁨'을 의미하지 않는다. 정적 강화와 부적 강화 모두 강화된
행동의 미래 발생을 증가시킬 것이다. 이 경우 정적/부적의 구분은
추가(addition) 대 **제거**(subtraction)의 측면에서 생각하는 것이 좋다.
즉, 강화가 아이의 환경에 어떤 것을 더하는가(정적 강화), 아니면
환경에서 어떤 것을 제거하는가(부적 강화)?

💗 정적 강화

먼저 정적 강화(positive reinforcement)의 정의부터 살펴보자. **정
적 강화**는 즉각적인 자극의 추가인데, 그것이 어떤 행동에 유관하
여 만들어질 때 그 행동의 미래 빈도를 증가시킨다. 정적 강화를 사
용할 때, 어떤 행동이 발생한 후 미래에 그 행동이 다시 발생하도록
격려하게 될 바람직한 어떤 것이 따라오게 된다. 그 예는 하이파이
브인데, "잘했어."라고 말하거나 점수를 부여하는 것은 하루 종일
교사들이 좋은 행동을 강화하기 위해 학생들에게 사용하는 것과
비슷한 전략이다.

아이가 하루 일과의 변화를 어려워한다고 치자. 예를 들어, 평소
에 오던 베이비시터가 아파서 다른 베이비시터가 오게 되는 상황

은 매우 극적인 전환일 수 있고, 그래서 칭얼거린다든지 보통은 잘 따랐던 지시를 따르지 않는다든지 하는 문제행동이 더 많이 나타날 것이다. 강화는 아이가 그러한 문제행동 없이 새로운 베이비시터의 말을 잘 들을 때마다 좋아하는 간식을 주든지 칭찬을 하든지 하는 것으로 이루어질 수 있다. 아니면 아이가 자신의 태블릿 PC를 치워야 할 때 이에 잘 협조하지 않는다고 하자. 이는 정적 강화제를 제공할 수 있는 기회인데, 태블릿 사용 시간이 끝났을 때 보이는 좋은 행동에 대해 간식으로 아이스크림 한 숟가락을 더 먹게 하는 형태가 될 수 있을 것이다.

정적 강화는 건강하고 적응적인 행동을 격려하고 형성(shaping)하는 강력한 도구이다. 그러나 주의하지 않는다면 무심코 바람직하지 않은 행동을 강화할 수도 있다. 또 다른 예를 보자. 아이가 게임을 하려고 태블릿을 요구하고 당신은 안 된다고 말한다. 아이가 고집이 센 유형이라면 당신이 마음을 바꾸기를 바라면서 태블릿을 사용하게 해 달라고 끊임없이 반복해서 요구하고 심지어 당신을 졸졸 따라다니면서 징징거리게 될 것이다. 어떤 부모들은 그 지점에서 종종 포기한다고 말하곤 하는데, 가끔은 그렇게 하는 것이 더 쉽기 때문이다. 부모가 피곤하고 해야 할 다른 일들이 있다면 특히 그러하다.

그러나 그 상황에서 아이가 무엇을 학습하게 되는지를 생각해 보자. 어떤 행동이 강화되고 있는가? 그들이 징징거리거나 반복적으로 요구를 한 후에 태블릿을 주게 되면, 부모는 아이에게 두 가지를 가르치고 있는 셈이다. 첫째, 만약 그들이 잘못된 행동을 충분히 오랫동안 한다면 원하는 것을 얻게 될 것이다. 둘째, 부모의 말을 있는 그대로 받아들일 필요가 없는데, 충분히 지속하면 '안 돼.'

는 '그렇게 해.'가 되기 때문이다. 결과적으로, 과거에 그것이 효과적이었기 때문에 아이는 더 강력하지는 않더라도 앞으로도 비슷하게 징징거리고 강하게 요구하는 행동을 더 많이 하게 될 것이다. 어렵기는 하지만, 이 시나리오에서 부모는 자신의 '안 돼.'를 끝까지 지켜내고 실수로 아이의 불쾌한 행동을 강화하지 않을 수 있게 지속적으로 태블릿 PC에 대한 접근을 허용하지 않아야만 한다.

강화제는 모두에게 다르다. 강화제를 선택할 때 기억해야 할 점은 한 아이가 바람직하다고 여기는, 따라서 강화적인(reinforcing) 것을 다른 아이는 좋지 않다고 생각할 수 있으며 그것이 강화적이지 않을 수 있다는 것이다. 마찬가지로 당신이 생각하기에 재미있는 것이 실제로 아이에게는 혐오적일 수 있거나 바람직한 행동을 하도록 그들에게 충분한 동기를 유발하지 않을 수 있다. 예를 들면, 나는 예전에 누군가 하이파이브를 하자고 하거나 "잘했어."라고 말할 때마다 울곤 했던 아이와 일한 적이 있다. 나는 곧 이 아이는 적절한 행동을 했을 때 말없이 끄덕이거나 주먹을 마주 대는 것을 좋아한다는 것을 알게 되었다. 나는 그것이 그녀에게 맞는 강화제라는 것을 알게 되었는데, 그것이 그녀가 바람직한 행동을 하는 빈도와 강도를 증가시켰기 때문이다.

어떤 부모들은 내게 어떤 것도 그들 자녀에게 맞는 효과적 강화제가 아니라고 말하곤 한다. 그들은 모든 것을 다 시도해 봤고, 어떤 것도 효과가 없었다고 한다. 나는 그들에게 강화제는 행동의 빈도를 증가시키는 어떤 것임을 상기시킨다. 강화제의 정의를 고려해 보았을 때, 행동이 증가하지 않는다면 부모가 사용하고 있는 것은 강화제가 아니다. 강화제로서 어떤 것 또는 상황이 가장 효과적인지를 결정하기 위해 아이와 함께 일하는 것은 당신 몫이다. 이를 알아낼 수 있는 최상의 방법은 아이에게 물어보거나 아니면 여러 옵션을 주고 선택하게 하는 것이다. 또한 자유놀이 시간에 아이가 무엇에 끌리는지 관찰해서 그 물건이나 활동들을 강화제 목록에 추가할 수도 있다. 때때로 강화제를 발견하기 위해 창의적일 필요가 있다. 이는 장난감 자동차로 하는 반복적 놀이나 심지어 '좁은 곳에 몸을 밀어 넣기'를 요청하는 것과 같은 당신 자녀의 독특한 흥미 중 일부가 과연 강화제로서 사용될 수 있는지 결정하는 것을 의미한다.

💜 부적 강화

이제 부적 강화(negative reinforcement)에 대해 살펴보자. ABA에 친숙하지 않은 사람들은 흔히 부적 강화를 처벌이라고 오해하는데, '부적'이란 용어가 흔히 **부정적인** 의미를 가지고 있기 때문이다. 그러나 강화는 강화를 받고 있는 행동의 증가를 낳는 어떤 것임을 기억해야 한다. 따라서 정의상 그것이 정적 강화이든 부적 강화이든 그것은 아이가 바라는 결과에 해당한다.

부적 강화는 자극이 어떤 행동에 유관하여 즉각적으로 제거되는 것으로 그 행동이 다시 발생할 가능성을 늘린다. '유관적(contingent)'이라는 것은 자극의 제거가 오로지 목표행동이 발생했는지 여부에만 달려 있음을 뜻한다. 이는 어떤 행동이 발생할 때 유관적 결과는 불쾌한 어떤 것의 제거일 것이고, 이것이 목표행동의 발생 가능성을 늘리게 될 것임을 의미한다. 만약 행동이 발생하지 않는다면, 자극은 제거되지 않는다. 예를 들어, 그들이 이전에 한 번도 시도하지 않았던 새로운 음식을 한 입 먹는다면, 접시에 있는 야채는 다 먹지 않아도 된다고 아이에게 말하는 것이다.

부적 강화와 관련하여 명심해야 할 중요한 점은 아이의 입장에서 목표는 항상 그들이 싫어하는 것, 즉 '선호되지 않는(non-preferred)' 것이나 사건에서 도피하는 것 또는 회피하는 것이라는 사실이다. 이것이 바로 '부적' 부분인데, 예컨대 숙제하는 것을 강화하기 위해 아이의 환경에서 그들이 원하지 않는 것(집안일)을 제거하는 것이다. 아이가 설거지하는 것을 싫어한다면, 설거지를 피하기 위해 요구된 대로 숙제를 하게 될 것이다. 숙제를 마치는 것(행동)은 설거지의 제거(결과)를 가져오기 때문에 부적 강화의 예가 된다. 아이가 숙제를 하는 것이 설거지를 하지 않아도 되게 만든다는 것을 안다면, 아마도 아이는 앞으로 숙제를 더욱 잘하게 될 것이다.

강화는 너무나 강력하기 때문에, 제거하려고 애쓰고 있는 행동을 우발적으로 강화하지 않도록 주의해서 사용할 필요가 있다. 이런 현상은 당신이 생각하는 것보다 훨씬 더 흔하다. 부적응적인 행동이 부적 강화의 방식으로 우연히 강화된 예를 살펴보자.

아이에게 숙제가 주어졌고, 숙제를 마친다면 집안일을 하지 않아도 된다고 말한다고 치자. 집안일이 싫긴 해도 숙제하는 것을 너무나 싫어해서 집안일을 하지 않는 것이 그렇게 충분한 강화제가 아니라고 한다면 그들은 소리 지르거나 밀치거나 비슷한 문제행동으로 반응할 것이다. 아마도 당신은 많은 부모처럼 아이에게 방에 들어가 있으라고 말하며 아이의 폭발에 대응할 것이고, 그렇게 하는 것이 처벌이라고 믿을 것이다. 그러나 실제로 발생하는 일은 아이가 당신이 원래 요청했던 행동인 숙제하기에서 도피하게 된다는 점이다. 소리 지르고 밀치는 행동으로 그들은 자기 방에 들어가서 숙제와 집안일 모두를 하지 않아도 되는 것이다. 따라서 소리 지르기와 밀치기가 의도치 않게 강화되고 있다. 아이는 이제 부적응적인 행동이 불쾌한 상황을 피하도록 돕는다는 것을 학습하게 되었고, 다음에 자신이 싫어하는 것을 하도록 요청받게 될 때 당신은 바람직하지 않은 행동을 다시 보게 될 것이다.

아이와 함께 일할 때 부적 강화가 올바르게 사용되지 않는다면, 부적응적 행동이 증가할 수 있음을 기억할 필요가 있다. 2장에서 살펴보았듯이, 행동의 기능이나 목적을 결정함으로써 당신은 그 행동이 강화되어야 하는지 아닌지를 이해하게 될 것이다. 예를 들어, 앞의 예에서 아이의 부적응적 행동의 기능은 선호되지 않는 활동을 피하게 해 주는 것이다. 부모는 아이가 숙제와 집안일로부터 도피할 수 있게 허용함으로써 소리 지르기와 밀치기를 부적으로 강화하였다. 더 좋은 대응은 아이가 성질을 부려도 여전히 숙제를 반드시 마치게 하는 것이다.

어떤 강화제를 사용하든지 간에, 아이가 당신이 목표로 하고 있는 바람직한 행동을 할 때에만 강화제를 주어야 한다. 만약 아이가 당신이 요구한 것을 하지 않고 있을 때 강화제에 접근할 수 있다면, 노력하지 않고도 강화제를 얻을 수 있기 때문에 그 강화제는 그들에게 효과적이지 않을 것이다.

강화는 아이의 행동을 가르치고 변화시키는 당신의 능력에 영향을 미치게 되지만, 놀라운 점은 강화가 매일매일 우리 모두의 사회적·직업적 기능에서 필수적인 역할을 한다는 것이다. 다음 절에서는 강화가 명확하지 않을 때조차도 정기적으로 강화가 우리 삶에서 나타나는 방식을 강조한다.

강화는 사방에 있다

강화는 우리가 하는 대부분의 행동에 책임이 있다. 우리 모두는 정적이든 부적이든 강화제에 반응한다.

일단 강화를 찾아보면, 많은 일상적 행동이 부적 강화의 과정을 통해 유지되고 있음을 알게 될 것이다. 예를 들어, 만약 안전벨트를 하지 않고 운전을 하고 있다면, 안전벨트를 매라는 시끄러운 경고음을 듣게 될 것이다. 이 시나리오의 선행사건은 시끄러운 경고음이고, 행동은 안전벨트를 매는 것이다. 결과는 경고음이 멈추고, 미래에 그 불쾌한 소리를 듣지 않기 위해 안전벨트를 다시 맬 가능성이 높아진 것이다. 원하지 않는 어떤 것이 제거된다는 점에서 이는 부적 강화에 해당한다. 또 다른 예는 가려워서 긁는 것이다. 가려움을 느끼는 것은 긁는 행동을 촉발시키는 선행사건이다. 긁는 것의 결과는 불편한 가려움이 줄어드는 것이고, 이는 긁는 행동을 강화한다.

이제 정적 강화를 살펴보자. 월급을 받는 것은 가장 흔한 예이다. 여러 요금을 납부하고 기본적인 삶을 유지하려는 욕구는 당신이 매주 일정 시간 동안 일하러 가도록 하는 선행사건이다. 직장에 가는 행동은 당신이 들인 시간에 대해 보상받게 될 것임을 의미하며, 따라서 이 상황에서 월급은 결과, 즉 강화제이다. 일하러 갔지만 월급이나 다른 소득을 얻지 못했다면, 계속해서 일하러 갈 가능성은 의심할 것 없이 상당히 줄어들 것이다.

삶에서 대부분의 강화는 자연스럽게 일어나며, 우리는 결코 그것이 일어나고 있음을 인식하지 못한다. 일반적으로 사람들은 처

벌보다는 강화에 더 잘 반응하고 강화를 통해 더 잘 배우는 경향이
있다. 이는 강화가 우리가 원하는 것을 얻거나 싫어하는 것을 피하
게 해 주기 때문인데, 긍정적인 환경적 사건은 우리의 뇌가 학습에
개방적이고 준비되도록 한다. 처벌의 단점 중 하나는 고함지르기
나 좋아하는 장난감 뺏기처럼 혐오하는 어떤 것을 제공하는 것이
스트레스를 유발한다는 점이다. 알다시피, 스트레스가 많아지면
우리는 빨리 배우거나 잘 배우지 못한다. 즉, 처벌 조건하에서 발생
하는 학습은 적절하지 않다는 것이다.

강화와 '뇌물'의 차이

많은 경우 강화는 당신이 사용할 수 있는 가장 강력한 도구이지
만, 어떤 부모들은 여전히 좋은 행동을 일관되게 보상한다는 것에
거부감을 갖는데, 이는 강화가 뇌물(bribery)을 떠올리게 하기 때문
이다. 그러나 강화는 그것이 올바르게 사용된다면 결코 뇌물과 같
지 않다. 둘 간의 핵심적 차이를 살펴보자.

한 가지 주목할 만한 차이는 강화제를 제공하는 시점이다. 강화
는 미리 준비되어 있다. 강화의 경우 '절차상의 원칙'이 미리 짜여
있고, 보상은 목표행동이 발생한 후에만 주어진다. 반면, 뇌물은
문제행동 **도중**에 문제행동을 사라지게 만들기 위해 아이가 선호하
는 자극을 제공할 때 발생한다. 바람직한 행동을 하겠다는 아이의
약속에 기초해서 그들이 원하는 것을 먼저 제공하는 것은 뇌물이
며, 이때 상은 바람직하지 않은 행동이 이미 발생한 후에 주어진다.

뇌물은 당신에게는 부적 강화의 근원인데, 자녀에게 뇌물을 주
는 것은 지금 이 혐오적인 상황에서 **당신이** 도피할 수 있게 만들기

때문이다. 다시 말해, 뇌물은 그것을 제공하고 있는 사람에게 이득이 되는 것인 반면, 강화는 결과를 **획득해야만** 하고 적절한 행동을 함으로써 그 결과를 얻을 수 있음을 아이에게 가르친다는 점에서 결국 아이에게 이득이 된다. 그 정의상 강화는 적절한 행동이 미래에 증가하게 될 것임을 뜻한다. 이는 뇌물에는 해당되지 않는데, 뇌물은 일시적으로 현재 상황을 변화시켜 뇌물 제공자를 이롭게 하지만, 아이에게 미래 상황에서 사용할 적절한 새로운 기술을 가르치지는 않기 때문이다.

또 다른 차이는 사용된 언어이다. 뇌물은 "네가 [과제]를 하면, 내가 너에게 [상]을 줄게."로 들리는 반면, 강화는 "네가 [과제]를 한다면, 그 결과로 너는 [상]을 **얻을 수 있어.**"로 들린다. 뇌물의 예는 다음과 같다. 당신 자녀가 간식 먹는 시간에서 숙제하는 시간으로 넘어가기를 원치 않고, 그래서 징징거리고 성질을 부리기 시작한다. 이런 상황이 계속되는 가운데 당신이 "네가 일어서서 징징거리는 것을 멈추면 내가 너에게 막대사탕 두 개를 줄게."라고 말한다. 아이가 징징거리는 것을 멈추겠다고 약속을 하고 책상 앞에 앉으면, 당신은 막대사탕을 건네준다. 아이가 막대사탕을 다 먹자마자 당신은 이제 숙제할 시간이라고 말할 것이고, 그러면 아이는 처음부터 다시 문제행동을 시작한다.

뇌물은 단기적으로는 작용할 것이다. 그러나 그것은 아이에게 뇌물을 기다리도록 가르칠 것인데, 당신이 그들에게 뇌물을 줄 것임을 아이가 알고 있기 때문이다. 아이는 당신이 가르치려 시도하고 있는 기술들을 학습하는 대신에, **당신이** 오랜 시간 괴롭힘을 당하면 결국에는 뇌물을 주게 될 것임을 학습한다. 당신은 강화가 얼마나 강력하고 널리 퍼져 있는지 이해함으로써 당신 자신과 아이

를 위한 긍정적인 변화를 만들기 위해 강화를 능숙하고도 효과적
으로 사용하는 법을 배울 수 있다. 뇌물에 의존하게 될 것이라는 걱
정 없이 말이다.

행동 계획

　강화를 사용하는 법에 대해 더 잘 이해하게 되었으니, 이제 강화
를 사용하여 아이의 행동을 변화시키는 기회를 가져 보자. 첫 단계
는 당신이 가르치거나 수정하기 원하는 행동을 선택하는 것이다.
행동목표는 객관적이고, 간단하며, 측정 가능해야 하고, 긍정적인
언어를 사용해야만 한다. 다른 말로 한다면, 아이가 해서는 안 되는
것(shouldn't do)보다는 해야만 하는 것(should do)을 중심으로 기술
하라.

　긍정적 언어의 예는 다음과 같다. "발레리아는 연속적인 5분 동
안 열 개의 수학 문제를 풀 것이다." 반대로 부정적 표현 방식은 다
음과 같다. "엘리슨은 매일 밤 숙제 시간에 징징거리지 않을 것이
다." 첫 번째 예에서는 발레리아의 부모가 줄이고자 하는 행동에
초점을 맞추는 대신, 바람직한 행동을 강조하여 긍정적 언어를 사
용한다. 긍정적 언어는 또한 더 객관적이고 측정 가능한데, 일반적
인 숙제 시간 대신에 한정된 5분에 초점이 맞춰졌기 때문이다. 부
모는 구체적으로 5분 동안 발레리아가 열 개의 수학 문제를 마쳐야
한다는 것을 안다.

　목표를 이런 식으로 정의하는 것은 다수의 양육자가 강화를 제
공하는 것을 더 쉽게 만드는데, 무엇이 바람직한 행동인가에 대해

모두가 동일하게 이해할 것이기 때문이다. 그것은 또한 아이에게 하지 말아야 할 부정적 행동 대신 추구해야 할 긍정적 목표를 제공한다. 목표는 쉽게 측정될 수 있고, 오랜 시간이 걸리지 않으며, 아이가 달성할 수 있는 것이어야 한다. 아이가 목표에 도달하거나 그 것을 뛰어넘을 때 언제든지 목표를 수정할 수 있음을 기억하라.

계획의 다음 단계를 위해서는 얼마나 자주 목표행동을 강화할 것인지 결정할 필요가 있다. 목표행동을 볼 때마다? 정해진 시간 간격이 지난 후마다? 얼마나 자주 행동을 강화할 것인지 결정하는 것을 **강화 스케줄**(schedule of reinforcement)이라고 한다. 강화 스케줄은 강화제의 타이밍과 빈도를 통제할 수 있게 한다.

간격 강화 스케줄(interval schedule of reinforcement)은 강화 제공이 특정 시간 간격 내에 발생하는 바람직한 행동 여부에 기초함을 의미한다. 예를 들어, 수학 문제를 푸는 것에 대한 아이의 강화 스케줄이 2분이라면, 당신은 그들이 그 2분 간격 내에 수학 문제를 모두 푼 후에 강화제를 제공할 것이다. 만약 **비율 강화 스케줄**(ratio schedule of reinforcement)을 사용하려 한다면, 강화제 제공은 올바른 반응의 수에 달려 있을 것이다. 예를 들어, 아이의 강화 스케줄이 매 다섯 개의 올바른 반응이라고 하자. 이는 강화제를 받기 위해서는 얼마의 시간이 흐르든 상관없이 다섯 개의 수학 문제에 옳게 답해야만 함을 뜻한다. ·

행동변화 계획을 시작한 후 당신이 선택할 수 있는 강화제가 많이 존재하도록 효과적인 강화제 목록을 만들어 두라. 아이가 좋아하는 음식, 음료, 게임, 활동, 사회적 칭찬의 형태(예: 껴안기, 간지럼 태우기, 하이파이브 하기, 긍정적인 말 등)의 목록을 만드는 것으로 시작해 보자. 이 목록은 강화제로 사용될 수 있는 아이의 독특한 흥미, 일상 활동, 아이가 현재 가지고 있는 특권 등을 포함해야만 한다. 이는 새로운 강화기술을 테스트할 때 당신이 사용할 수 있는 가능한 모든 것의 목록이 될 것이다. 이 목록은 수시로 변화할 것이고, 이러한 변화는 괜찮다는 것을 기억하라. 아이에게 새로운 물건이나 활동을 소개하는 것을 두려워할 필요는 없는데, 이는 아이에게 새로운 강화제를 발달시킬 기회를 줄 수 있기 때문이다.

처음에 당신이 목표를 위해 작업하기 시작할 때 행동을 증가시키는 최상의 방법은 행동이 발생할 때마다 그 직후 강화하고, 이후 아이가 그 기술을 완전하게 획득하게 되면 시간에 따라 강화의 양을 줄여 나가는 것이다. 이는 아이가 5분 내에 열 개의 수학 문제를 마친다면 강화제가 즉각적으로 주어져야 함을 의미한다. 이 예에서 목표는 아이가 계속해서 수학 문제를 푸는 것이기 때문에, 당신이 5분마다 강화제를 제공하는 것이 아이가 수학 숙제를 하는 것을 방해하게 될 것이라고 우려할 수 있다. 이 경우 자녀에게 5분이 지날 때마다 토큰이나 포인트를 주고 숙제 시간이 끝난 후에 강화제로 바꿀 수 있도록 하는 것이 이상적일 것이다.

토큰 시스템을 사용하기로 결정한다면, 강화제와 강화제의 토큰 가격은 미리 정해져 있어야 한다. 그렇게 해야만 아이는 그들이 이루고자 하는 목표와 그것을 얻기 위해 그들이 해야만 하는 것을 그 활동이 시작되기 전에 알 수 있다. 강화제는 그들이 왜 그것을 얻었는지 강조하는 말과 짝지어져야 하는데, 이는 아이가 목표행동을 했기 때문에 강화제를 얻었다는 점을 이해할 수 있게 만든다. 칭찬은 항상 구체적이어야만 하고 당신이 자녀의 새로운 행동에 대해 알아차렸다는 것을 강조해야 한다.

강화의 시행: 엘라 이야기

나는 엘라가 약 세 살 때 자폐증으로 진단받은 지 얼마 되지 않아서 엘라를 보기 시작하였다. 그녀가 내게 왔을 때, 그녀는 말을 하지 못했고 또래들과 상호작용하는 데 어려움이 있었다. 개입을 시행한 지 6개월 후, 그녀는 첫 단어를 말하게 되었고, 연령에 적절한 놀이를 하도록 배운 장소에서 매주 놀이 친구와 만나기 시작하였으며, 실제로 친구를 만들고 있었다.

1년의 치료 기간 후, 엘라는 크게 향상되었고, 종종 그녀가 얼마나 똑똑하고 말을 잘하는지 친구들과 가족들에게 칭찬을 받았다. 그녀는 '선생님' 놀이를 즐겼고, 부모님과 학급 친구들, 엘라에 따르면 그녀의 '새로운 학생들'과 정보를 공유하는 것을 좋아하였다. 엘라가 그녀의 목표 모두를 달성하게 되었을 때, 우리는 그녀가 최상의 상태에 있으므로 치료를 줄여 나가기로 결정하였다.

1년 후 나는 엘라의 부모님에게 전화를 받았는데, 엘라의 남동생이 태어난 후에 그녀의 언어기술이 9개월 전으로 퇴행하고 있어서 걱정했기 때문이었다. 엘라는 의사소통하기 위해 아기 말을 사용하기 시작하였고, 어른들과 인사할 때 칭얼거리거나 옹알이하는 소리를 내곤 하였다. 선생님 역시 아침마다 엘라가 알파벳과 시각단어들(sight words)을 동일한 방식으로 반복해서 읊조리기 시작하였고, 또래들이 아기처럼 행동하고 말하거나 또는 그녀를 아기처럼 대할 때만 함께 놀기를 원하는 것처럼 더 이상 또래들과 연령에 적절한 활동을 하지 않고 있다고 보고하였다. 엘라의 부모님과 이야기한 결과, 엘라의 말하기는 그녀의 아기 동생이 말하려고 시도할 때마다 얼마나 많은 관심을 받게 되는지를 본 후에 퇴행하기 시작하였음이 분명하였다.

엘라를 꾸짖거나 그녀의 부적응적인 말하기 행동에 대해 꾸짖는 대신, 나는 그녀의 연령에 적절한 말하기 행동을 늘리기 위해 정적 강화를 사용하는 것에 초점을 맞추었다. 그녀가 아기 말을 사용하지 않고 말할 때마다 (그녀가 말하는 것이 '안녕'뿐이더라도) "와우! 나는 네가 다 큰 소녀처럼 말할 때가 정말 좋아."라고 말하면서 그녀가 좋아하는 강화제인 하이파이브와 간지럼을 제공하였다. 4일 후, 엘라의 부모님은 엘라가 더 이상 아기 말을 사용하지 않는다는 사실에 감격하였다. 실제로 그녀는 아기 말 사용을 시작하기 전보다 연령에 적절한 대화를 두 배 이상 더 많이 사용하고 있었다. 다음 가정 방문에서 나는 심지어 엘라가 남동생에게 어떻게 하면 '다 큰 아이처럼 말하는지' 가르치려 하는 것을 보았다.

측정하기

이제 자료를 수집하기 시작할 때 취해야 할 단계들을 살펴보도록 하자. 다음의 기록지 예시에서 발레리아를 예로 사용해서 이 모든 것이 어떻게 작동하는지를 보게 될 것이다. 발레리아는 바깥놀이 5분, 컴퓨터 시간 5분을 얻기 위해 공부하고 있는 중이다. 만약 발레리아가 놀이 시간을 얻기 위해 각각의 5분 간격 동안 열 개의 수학 문제를 계속해서 푼다면, 강화제는 효과적인 것이다.

1. 시작하기 전에 항상 아이가 그 행동을 통해 무엇을 얻게 되는 지를 알게 하라. 이는 아이가 그것을 얻기 위해 노력하도록 동기를 유발할 것이다. 당신은 또한 서로 다른 강화제들을 교 대로 사용할 수 있고, 강화제에 따른 행동 증가 여부를 측정할 수 있다.

2. 향상 정도를 추적할 수 있도록 다음 페이지에 나와 있는 것과 같은 강화 기록지를 사용하라. 기록지는 읽기 쉽고 채우기 쉬 운 것이어야만 하는데, 그래야 당신과 다른 양육자들이 빨리 사용할 수 있게 된다. 표 형태로 기록지를 만드는 것은 필요 한 모든 정보를 찾아내는 최상의 방법일 것이다. 기록지의 첫 번째 행에는 날짜, 시간, 목표행동, 사용한 강화제, 예/아니요 의 다섯 개의 제목을 달라. 이어지는 행 각각에는 자료를 기 록할 공간을 둔다. 시간 열 아래에는 자료를 수집하고 있는 시간 간격을 표시하라.

3. 기록지와 강화제 목록을 쉽게 접근할 수 있는 위치에 배치하 라. 예를 들어, 아이가 식사 테이블에서 숙제를 하지만, 기록 지와 강화제 목록은 차에 있다면, 정확한 자료를 수집하고 적 절한 시기에 강화제를 제공할 가능성은 줄어들게 된다.

4. 정말로 효과적인지 알기 위해서는 적어도 다섯 개의 서로 다 른 시간 간격을 사용하여 행동을 측정하라. 심지어 여러 날에 걸쳐 자료를 수집할 수도 있다.

이러한 단계들을 따라가면, 최종 결과물은 아마도 다음의 기록 지 예시와 같은 형태일 것이다.

강화 기록지 예시

날짜	시간	목표행동	사용된 강화제	예/아니요 (달성 여부)
5/4	5:15~5:20pm	조용하게 수학 문제 풀기	바깥놀이 5분	아니요
5/4	5:20~5:25pm	조용하게 수학 문제 풀기	컴퓨터 시간 5분	예
5/5	5:45~5:50pm	조용하게 수학 문제 풀기	바깥놀이 5분	아니요
5/6	4:15~4:20pm	조용하게 수학 문제 풀기	컴퓨터 시간 5분	예
5/6	5:15~5:20pm	조용하게 수학 문제 풀기	컴퓨터 시간 5분	예

우리가 알다시피 강화제는 행동을 증가시키는 어떤 것이므로, 기록지를 보게 되면 바깥놀이는 발레리아를 위한 강화제가 아니지만 컴퓨터 시간은 강화제라는 것을 추론할 수 있다. 따라서 발레리아의 부모나 다른 양육자들은 계속해서 컴퓨터 시간과 다른 효과적인 강화제를 사용하여 발레리아의 숙제하는 행동을 유지하게 될 것이다.

요점

• 강화는 행동변화의 구성요소 중 하나이다.
• 타인과의 상호작용과 일상 활동의 거의 대부분은 환경 내 강화제에 대한 우리의 선천적 반응에 의해 나타난다.

- 부적 강화는 우리가 특정 행동을 함으로써 원치 않는 과제나 활동을 회피하거나 도피하도록 한다. 반면, 정적 강화는 특정 행동을 통해 선호하는 과제나 활동을 할 수 있게 됨을 의미한다.
- 자녀의 삶에 변화를 만들기 위해 강화와 같은 강점 기반 전략(strength-based strategy)을 사용함으로써 당신은 성장과 학습에 대한 자녀의 잠재력을 최대화하고 그들의 자신감도 높이게 된다.

처벌은 무엇인가, 처벌을 사용해야만 하는가

처벌은 무엇인가

3장에서 우리는 어떤 행동 후에 그 행동이 미래에 다시 발생할 가능성을 높이는 사건이 따라올 경우 강화가 일어난 것이라고 학습하였다. 처벌은 정확히 강화의 반대이다. 처벌은 어떤 행동이 다시 일어날 가능성을 줄이기 원할 때 사용하는 절차이다.

강화와 처벌은 학습의 두 가지 형태이며, 어떤 시나리오에서 처벌은 즉각적 위험을 가져올 수 있는 상황을 피하도록 **빠르게** 학습시킬 수 있는 더 효과적인 수단일 수 있다. 예를 들어, 당신이 과거에 뜨거운 난로를 전혀 본 적이 없고 그것을 만져 보기로 결정했다고 하자. 손을 데는 고통은 충분히 혐오스럽기 때문에 미래에는 같은 행동을 반복하지 않게 될 것이다. 고통스럽긴 하지만 처벌은 미래의 같은 상황에서 당신을 안전하게 만들 강력한 학습 경험으로 작용할 것이다.

더 흔한 예로, 아이가 숙제하는 것을 잊었고, 그 결과로 교사가 그날 아이에게 쉬는 시간을 갖지 못하게 했다고 하자. 쉬는 시간이 없는 것이 충분히 불쾌하다면, 앞으로 아이는 다시는 쉬는 시간을 잃지 않기 위해 숙제를 꼭 하게 될 것이다. 어른들에게 흔한 다른 예는 잊어버려서 내지 못한 요금에 대한 연체료이다. 가외의 요금은 보통 충분히 재정적으로 부담이 되어서 다시는 그런 일이 발생하지 않도록 청구서들을 더 철저히 살펴보게 만든다. 이런 유형의 처벌의 예는 환경 내의 많은 장소에서 발견된다. 적절히 사용될 때, 처벌은 의도하지 않은 부정적 결과를 만들어 낼 정도로 그렇게 강한 혐오적 결과를 초래하지 않는다. 그러나 처벌을 사용할 때 항상 남용의 가능성을 인식해야만 하고, 이를 방지하기 위해 당신이 할 수 있는 것을 해야만 한다.

언제, 어떻게 처벌을 가장 잘 사용할 수 있는지에 초점을 맞추기 전에 먼저 처벌의 유형들을 자세히 살펴보도록 하자.

정적 처벌 대 부적 처벌

어떤 유형의 처벌이든 처벌을 받는 행동의 감소를 가져올 것이다. 그러나 강화처럼 처벌도 정적 대 부적의 두 가지 주요 형태로 일어난다. 정적 처벌(positive punishment)이라는 말이 이상하게 들린다면, ABA에서 **정적**(positive) 및 **부적**(negative)은 각각 '좋은'과 '나쁜'의 의미가 아니라는 것을 기억하라. 대신 정적은 환경에 자극을 더하는 것, 부적은 자극을 제거하는 것을 의미한다.

따라서 **정적 처벌**은 행동 직후에 어떤 것을 더하여 미래에 그 행동을 줄이는 것이다. 잊어버려서 내지 못한 요금에 대한 연체료는 정적 처벌의 예―연체료 **부과**는 요금을 늦게 내는 행동을 줄인다―이다. **부적 처벌**의 예는 부모의 흔한 양육 전략으로 아이가 잘못 행동할 때 부모가 아이가 좋아하는 물건을 빼앗는 것일 수 있다. 부모는 문제행동에 유관하여 아이가 바라는 물건을 제거하는 것이 미래에 그 행동의 빈도를 줄일 것이라 가정할 것이다.

♥ 정적 처벌의 유형

이제 정적 처벌의 서로 다른 유형에 대해 좀 더 살펴보자. 처벌은 잘못 사용하기가 매우 쉬워서 의식적으로 신중하게 다루어야만 하기 때문이다. ABA의 세계에는 정적 처벌의 다섯 가지 기본 유형이 있다.

- **언어적 꾸중**(verbal reprimand): 이는 실망이나 불승인을 표현하기 위해 사용되는 꾸중 또는 언어적 경고이다. 그 예는 아이가 학교 과제를 마치는 대신에 산만해지는 것을 보게 될 때 "장난감 갖고 놀지 말고 숙제에 집중해."라고 아이에게 말하는 것이다.
- **과잉교정**(overcorrection): 이는 바람직하지 않은 행동을 시작했을 때보다 더 좋은 상태로 환경을 복구하는 것을 의미한다. 예를 들어, 당신 자녀가 깨끗한 옷들을 정리해야 하는데 그 일을 피하려고 침대 밑으로 옷들을 밀어 넣는 것을 목격한다. 처벌로써 아이는 깨끗한 옷들을 정리해야 함과 동시에 자기 방도 치워야만 한다.

- **정적 연습**(positive practice): 이는 바람직하지 않은 행동의 적절한 대체행동을 특정 횟수만큼 또는 특정 시간 동안 반복해서 하는 것을 의미한다. 예를 들어, 당신 자녀가 다른 차들은 보지도 않고 주차된 당신 차까지 주차장을 가로질러 뛰어간다고 하자. 당신은 아이를 처음 장소로 데리고 가서 주차장에서 천천히 양쪽 차들을 살펴보면서 당신 차까지 걸어오는 것을 연습시킨다. 이것이 정적 연습이다.

- **반응차단**(response blocking): 이는 바람직하지 않은 행동을 하지 못하도록 물리적으로 막고자 고안된 전략이다. 당신 자녀가 사무실 의자를 돌리는 것을 너무나 좋아해서 당신이 하지 말라고 했는데도 계속해서 그렇게 한다고 하자. 반응차단 절차를 사용할 때, 당신은 아이가 의자를 돌리기 시작하자마자 아이 쪽으로 가서 의자가 움직이지 않게 잡고 있을 것이다. 당신은 말 그대로 회전시키는 행동을 완성하지 못하게 차단할 것이고, 결과적으로 의자를 돌리는 행동은 시간이 지나면서 줄어들게 된다.

- **체벌**(corporal punishment): 엉덩이를 때리든 손을 때리든, 우리 모두는 이에 대한 생각을 머리에 가지고 있다. 그것은 바람직하지 못한 행동에 대한 반응으로 신체적 고통을 주는 것이다. 이는 추천되지 않으며 특별히 효과적이지도 않다.

💜 부적 처벌의 유형

앞서 기술되었듯이 부적 처벌은 행동이 발생한 후 어떤 것을 제거하는 것으로, 그 행동이 미래에 발생할 가능성을 줄인다. 부적 처벌에는 오직 두 가지 주요 유형만이 있는데, 이는 교사, 훈련가, 부모, 양육자 모두가 흔히 사용하는 전략들이다.

- **반응대가**(response cost): 어떤 행동을 하면 일정량의 강화제를 잃게 되는 것이 이에 해당한다. 이 기법은 교사가 학생 모두의 행동을 관리하는 것을 돕기 위해 교실에서 흔히 사용된다. 부모는 하루 종일 아이의 행동을 추적하기 위해 가정에서 보상 시스템을 사용할 수 있다. 그들은 매일 냉장고에 다섯 개의 별 자석을 붙여 두는 것으로 시작하지만, 만약 아이가 문제행동을 하게 되면 자석 하나를 제거한다. 각 별을 잃을 때마다 특권이나 특정 유형의 강화제를 잃게 된다. 컴퓨터 사용 시간이 줄거나 보드게임 또는 장난감을 가지고 놀지 못하게 되는 것과 같은 강화제의 상실이 반응대가이다.
- **타임아웃**(time-out): 타임아웃은 아이가 친구와 이야기하거나 가족과 식사를 하는 것 같은 자연스러운 강화제(natural reinforcers)에 접근하지 못하게 하는, 일시적 형태의 물리적 고립이다.

처벌 대 강화

강화와 처벌은 그것이 긍정적 또는 친사회적 행동을 늘리는 것(강화)과 파괴적이거나 바람직하지 않은 행동을 줄이는 것(처벌) 중 어느 쪽에 초점을 맞추든 간에 둘 다 사람들의 행동을 변화시키기 위해 사용되는 전략이다. 그렇다면 어떤 전략이 더 나을까?

처벌은 흔한 전술이다. 연구에 따르면 부모의 94% 이상이 양육의 일부로 특정 형태의 처벌을 사용한다. 그러나 널리 사용됨에도 불구하고, 많은 연구에서 처벌이 강화보다 덜 효과적일 뿐 아니라 처벌을 받은 사람들에게서 공격성이 더 많이 나타나는 등 장기적으로 부정적 효과가 있다고 결론지었다.

밴더빌트 대학의 1994년 연구에서는 273명의 아이를 평가했는데, 그들 중 일부는 가정에서 처벌을 받았고 일부는 그렇지 않았다(Strassberg et al., 1994). 처벌을 받았던 아이들은 신체적·언어적 폭발 형태로 또래들을 향한 더 큰 공격성 징후를 보였다. 처벌을 받지 않았던 아이들은 그런 공격성을 보이지 않았다. 연구자들은 또한 부모들에게 처벌을 사용하는 것의 목표가 무엇인지 평가하고, 처벌을 사용한 결과 그들이 자녀에게 바랐던 친사회적 목표를 달성했는지 말하도록 요구하였다. 흥미롭게도, 연구자들은 부모들이 친사회적 목표를 위해 처벌을 사용했다고 주장했음에도 불구하고 그 어떤 친사회적 발달도 일어나지 않았다고 결론지었다. 실제로 친사회적 행동은 **감소하였다**. 부모들은 흔히 자녀에게 '교훈'을 '가르치기 위한' 방법으로 처벌을 사용한다고 말하지만, 처벌로부터 아이들이 학습하는 것은 처벌이 의사소통의 적절한 수단이라는 것이다.

처벌은 부모-자녀 관계에도 파괴적일 수 있다. 고함지르기, 때리기, 소중한 장난감 빼앗기 등 무엇이든지 간에 처벌을 사용하는 부모는 의도치 않게 자녀에게 자신을 처벌제(punisher, 이 경우에는 고함지르기, 때리기, 또는 장난감의 상실)와 연합하도록 가르치기 때문이다. 처벌을 반복적으로 사용하면 아이는 그러한 짝지어진 연합을 통해 **당신을** 혐오자극으로 느끼게 되고, 당신이 아이를 처벌하고 있지 않을 때조차 잠재적으로 당신을 피하거나 두려워할 수 있게 된다. 처벌은 또한 어떤 사람이 다른 사람에게 힘을 행사하여 자신의 뜻에 따르도록 강제할 수 있음을 아이들에게 가르칠 수 있다. 이러한 믿음은 아이들이 성장해 가는 과정에서 그러한 행동을 더 쉽게 하도록 만들 것이다.

하나의 전략으로서, 처벌은 심사숙고하여 계획된 강화 개입보다 때때로 더 빨리 시행할 수 있지만, 처벌로 인해 발생하는 학습은 강화를 통해 학습된 행동만큼 오래 지속되지 않는다. 이는 부분적으로는 처벌이 바람직하지 않은 행동을 감소시키기 위해 고안되긴 했지만, **무엇을 해야만 하는지**에 대해서는 어떤 것도 가르쳐 주지 않기 때문이다. 처벌은 원치 않는 행동을 바람직한 것으로 대체해 주지 않는다. 처벌은 단지 안 된다는 것을 전달할 뿐이다.

당신이 처벌하고 있는 바람직하지 않은 행동이 여전히 자녀의 어떤 목적을 충족시키고 있음을 기억하는 것이 중요하다. 만약 그들이 바람직하지 않는 행동으로부터 어떤 것도 얻을 수 없다면, 그 행동을 계속하지는 않을 것이다. 단순히 그 행동을 처벌한다고 해서 행동의 목적이 사라지는 것은 아니다. 예를 들어, 당신이 일요일 오후에 항상 집 주변이나 차고에서 일하거나 밀린 이메일에 답하면서 시간을 보낸다고 하자. 당신 자녀가 (아이들이 흔히 그러한 것처럼) 당신이 일요일 오후 그런 일들에 몰두하고 있는 동안 당신의 관심을 끄는 한 가지 확실한 방법이 형제와 싸움을 하거나 큰 소리로 시끄럽게 하는 등의 문제행동을 하는 것임을 학습한다고 상상해 보자. 만약 그것을 대체할 더 적절한 행동을 가르치지 않고 문제행동에 대해 처벌만 한다면, 아이는 관심을 끌려는 욕구를 만족시킬 방법을 더 이상 갖지 못하게 된다. 그러나 그 욕구는 사라지지 않는다. 이는 원래의 문제행동으로 돌아가게 하거나, 아니면 당신의 관심을 끌 새로운 형태의 파괴적 행동으로 나타나게 될 것이다.

처벌 그 자체는 아이들에게(또는 어른들에게도!) 어떻게 해야 더 적응적으로 잘 행동할 수 있는지를 가르치는 좋은 방법이 아니다. 전반적으로 강화가 처벌보다 훨씬 더 좋은 교수 전략인데, 처벌이 단순히 원치 않는 행동에만 초점을 기울이는 반면, 강화는 새로운 기술을 가르치고 강화하는 데 집중하기 때문이다. 강화는 부모와 다른 양육자들이 강점 기반의 긍정적 접근을 취하게 하는데, 아이들에게 특정한 행동을 형성시키고 격려하여 세상에서 더 잘 지내기 위해 필요한 기술들을 가르친다.

처벌을 신중하게, 적게 사용하기

어떤 행동들을 처벌할 필요가 있다고 결정하는 그런 때가 있을 것이다. 그러나 처벌을 사용하기 전에 먼저 처벌의 목적이 강화를 대신 사용해서 만족될 수 있는지 스스로에게 질문하라. 그래도 여전히 처벌 절차가 필요하다고 느낀다면, 처벌을 신중하게, 그리고 가능하면 적게 사용하도록 하는 단계들을 밟으라. 어떤 행동이 아이에게나 다른 사람들에게 위험한 경우처럼, 내가 처벌 절차를 먼저 시행하도록 결정하는 경우가 드물게 있긴 하지만, 처벌은 일반적으로 가장 마지막에 사용되어야만 한다.

또한 처벌을 신중하게 사용한다는 것은 처벌이 단독으로 사용되어서는 안 되며, 항상 당신이 원하는 더 적응적인 행동들을 형성시키는 강화 계획과 함께 사용되어야 함을 의미한다. 모든 행동은 의사소통이다. 당신이 줄이려고 애쓰고 있는 문제행동조차도 말이다. 만약 어떤 행동이 처벌받고 있다면, 아이가 적절한 방식으로 동일한 메시지를 의사소통할 수 있게 다른 대체행동을 가르쳐야만 한다. 처벌 단독으로는 문제행동 기저의 이유를 해결하지 못한다. 원치 않는 행동을 대체할 적절한 기술을 가르치려면, 원치 않는 행동의 기능을 파악할 필요가 있다.

당신이 사용하고 있는 처벌의 양이 처벌하고 있는 행동의 심각성에 비해 적절한지를 항상 확인하라. 다시 말하면, 너무 심각하게 처벌하지 말라. 그렇게 하는 것이 그 자체로 행동 문제를 낳을 수 있기 때문이다. 사용되는 처벌의 양은 효과적일 수 있게 충분해야 하지만 '적을수록 더 좋다(less is more).'가 처벌의 좋은 일반 규칙이다. 처벌을 사용할 때 조심해야 하는 또 다른 점은 **행동 대비**(behavioral contrast)가 나타날 수 있다는 것이다.

행동 대비는 처벌이 사용된 환경에서 일어나는 행동변화와는 반대 방향으로 어떤 특정 환경에서 행동변화가 발생하는 것이다. 예를 들어, 당신이 가정에서 대화를 방해하는 것에 대해 처벌하지만, 다른 장소들에서는 동일한 프로토콜을 사용하지 않고 있다면, 다른 장소들에서는 대화를 방해하는 행동이 증가하는 것을 보게 될 가능성이 크다. 이를 줄이기 위해서는 동일한 처벌 절차가 여러 장소와 사람에 걸쳐 시행될 수 있게 해야 한다.

처벌 절차를 사용하기 전에, 처벌을 사용하려는 당신 결정의 이유를 이해하는 것 또한 중요하다. 당신은 처벌이 아이에게 효과적인지를 면밀히 검토하지도 않은 채 단지 처벌이 **당신에게** 더 쉽기 때문에 사용하는 것은 결코 원치 않을 것이다. 처벌에 대해 한 가지 곤란한 점은 그것이 문제행동의 즉각적 중지라는 형태로 단기적으로는 좋은 결과를 가져온다는 것이다. 예를 들어, 만약 당신이 전화 통화 중일 때마다 아이가 큰 소리로 비명을 지른다면, 그 행동을 재빨리 끝내게 만드는 것은 어떤 것이든 좋은 방법으로 여겨질 것이다.

처벌은 흔히 처벌을 받는 사람에게서 신속한 반응을 이끌어 내며 즉각적으로 그 행동을 멈추게 할 가능성이 있다. 문제행동의 빠른 중단은 처벌을 사용하는 사람에게는 부적 강화가 될 수 있다. 그 행동이 멈출 때 느끼는 안도감은 보상적이며, 그리하여 당신은 미래에 처벌을 더 많이 사용하게 될 것이다. 처벌을 사용하여 원치 않는 행동을 재빨리 멈추게 하는 당신의 능력은 당신 자신의 행동을 부적으로 강화하는데, 문제행동을 다루어야 하는 상황에서 '도피'할 수 있기 때문이다. 이는 단기적으로는 좋은 기분을 느낄 수 있게 하지만, 그것이 좋은 개입이라는 의미는 아니다. 자신의 행동과 동기를 자각한다면, 당신이 아이의 불쾌한 행동을 피하려는 수단으로 처벌을 잘못 사용하게 될 가능성은 낮아질 것이다.

마지막으로, 당신은 시간이 지남에 따라 처벌을 점차적으로 줄여 나가기 위한 전략을 항상 갖고 있어야 한다. 처벌은 결코 장기적인 계획이어서는 안 된다. 처벌 단독으로는 어떤 새로운 행동도 가르치지 못함을 기억하라. 이것이 바로 처벌이 결코 단독으로 사용되어서는 안 되며, 항상 적절한 대체행동을 가르치고 강화하는 일과 동반되어야만 하는 이유이다.

처벌의 신중한 사용: 메이슨 이야기

내가 메이슨과 일하기 시작했을 때 그는 다섯 살 정도였다. 그는 대들기, 징징거리기, 성질부리기, 불복종, 심지어 간혹 집이나 학교에서 도망치는 것 등 다양한 종류의 문제행동으로 내 클리닉에 오게 되었다. 나는 약 3년간 ABA로 그를 치료하였다.

우리는 문제행동을 줄이기 위해 메이슨 및 그의 가족과 함께 열심히 작업했고, 그가 여름 캠프에 가기 전까지는 매우 성공적이었다. 여름 동안, 우리 클리닉은 주중에 정상적인 학교 일과를 진행하는 여름 캠프를 열어서 학생들이 일 년 내내 배움을 지속할 수 있게 하였다.

메이슨은 일주일에 25시간만을 치료받는 것에 익숙해 있었는데, 이제 일주일에 40시간의 치료를 받게 되었고, 이는 훨씬 더 강도 높은 스케줄이었다. 그는 항상 때리기, 차기, 밀치기의 형태로 공격성의 징후를 보여 왔다. 그러나 여름 캠프가 시작되었을 때 그의 공격성 빈도는 훨씬 더 증가하였다. 그의 공격성을 줄이기 위해 우리는 하루 종일 그가 하는 모든 행동에 대해 강화를 제공하기 시작하였다. 이는 화장실을 쓰고 나서 손을 씻는 것부터 다른 사람들이 그에게 인사했을 때 그들에게 "안녕."이라고 반응하는 것까지 어떤 것이든 될 수 있었다. 다시 말해서, 우리는 그가 좋은 행동을 하는 것을 포착하기 원했는데, 그가 신체적 공격행동으로부터 얻고 있는 강화보다 더 큰 강화를 받을 수 있는 기회를 더 많이 만들기 위함이었다.

5일 연속 이렇게 한 후에도 우리는 기대했던 공격성 감소를 관찰하지 못했고, 그래서 반응대가(65쪽 참조)를 사용하여 단기적인 처벌 절차를 시행하기로 결정하였다. 메이슨이 좋아하는 현장 학습 중 하나가 곧 있을 예정이었고, 우리는 그가 좋은 행동으로 그 활동을 획득하도록 만들었다. 이를 위해 우리는 별 다섯 개가 있는 행동 차트를 만들었다. 신체적 공격성을 보일 때마다 별 한 개가 차트에서 떼어질 것이었다. 만약 메이슨이 하루가 끝날 때 적어도 별 한 개를 가지고 있다면 그는 현장 학습에 참여할 수 있게 되는 것이다.

어떤 날은 별 다섯 개가 모두 남았고, 다른 날은 가까스로 하나가 남기도 하였다. 그러나 현장 학습은 그에게 매우 큰 강화제였기 때문에, 부적 처벌 절차는 그의 신체적 공격행동을 줄이는 데 도움이 되었다. 시간이 흐르면서 우리는 반응대가를 점차 줄여 나갔는데, 메이슨이 문제행동을 하는 것이 곧 선호하는 활동을 못하게 되는 것임을 전반적으로 학습했기 때문이었다. 결국 그는 친구들과 현장 학습에 참여할 수 있었고 즐거운 시간을 보냈다. 부적 처벌이 메이슨의 문제행동을 줄이는 데 성공적이었기 때문에, 그 이후로 부적 처벌 절차를 사용할 필요는 없었다.

행동 계획

처벌을 언제, 얼마나 오랫동안, 어떻게 사용해야 하는지 더 잘 이해하게 되었으므로, 이제 배운 것을 적용하여 **부적** 처벌로 아이의 행동을 변화시켜 보자(시작하기 전에 정적 및 부적 처벌에 대해 상기하기를 원한다면, 62쪽을 참조하라). 이 작업을 위해 처벌 절차로 반응대가를 사용하게 될 것이다.

첫째, 줄이고 싶은 행동을 선택하라. 행동목표는 객관적이고, 단순하며, 측정 가능한 것이어야 한다. 즉, 성공이 어떤 형태일지를 쉽게 정의할 수 있어야 한다. 당신이 그 계획에 대해 아이에게 이야기할 때 '처벌' 부분을 강조하지 말고, 긍정적이고 목표 지향적인 언어를 사용하기 바란다. 예를 들어, 아이에게 "네가 피곤할 때 징징거리는 대신에 쉬고 싶다고 차분하게 말하렴."이라고 촉구하라. 이는 "네가 징징거린다면 넌 오늘 밤에 영화 보러 못 갈 거야."라고 말하는 것보다는 훨씬 더 긍정적이고 유익하다. 아이가 이후의 결과가 무엇일지를 알게 되기는 하겠지만, 당신은 당신이 만든 규칙들이 부정적으로 들리는 것은 원치 않을 것이다. 당신은 규칙들이 긍정적이고 성취 가능한 것으로 들리기를 원한다.

처벌 절차를 시행할 시간 간격을 결정하라. 아이가 적절한 행동을 할 것으로 기대되는 지속 시간은 그들의 발달 수준에 기초하면 된다. 예를 들어, 더 어린 자녀의 경우 시간 간격은 4~5분 정도이지만, 십 대나 성인의 경우는 한 주 내내일 수 있다.

행동 계획을 준비하기 위해 유리병이나 투명한 용기와 구슬 열개가 필요하다. 구슬 열 개 모두를 병에 넣고 행동 계획을 시작하게 될 것이다. 목표는 아이가 자신이 선택한 강화제에 접근할 수 있도록 하기 위해 당신이 선택한 시간 간격이 끝났을 때 아이가 병 속에 적어도 한 개의 구슬을 갖고 있는 것이 될 것이다. 아이가 당신이 줄이고자 애쓰고 있는 문제행동을 할 때마다 구슬 하나를 병에서 꺼내라. 구슬을 꺼내는 것이 부적 처벌 절차의 예이다.

각 간격이 다른 간격들과 독립적으로 만들어져야 함을 기억하는 것은 중요하다. 이는 이전 간격에서 무슨 일이 있든 새로운 간격의 시작은 새로운 기회의 시작임을 의미한다.

* 주: 구슬은 '마이너스'가 될 수 없다. 즉, 구슬을 모두 꺼낸 후에는 새로운 간격이 시작된다. 구슬은 또한 다음 간격으로 이전

되지도 않는다. 이는 아이가 간격이 끝날 때까지 구슬 세 개를 남겼다고 해도, 이 구슬 세 개가 다음 간격의 구슬 열 개에 더해질 수 없다는 뜻이다.

측정하기

행동 계획을 시행하기 전에 필요한 단계들을 정리해 보자. 다음의 기록지 예시에서 이 모든 것을 어떻게 해야 하는지 확인할 수 있다.

1. 아이로 하여금 당신이 어떤 행동을 **줄이고자** 작업 중인지를 알게 하고, 만약 문제행동을 하게 되면 어떤 결과를 얻게 될지도 알 수 있게 하라.

2. 세 개의 열을 가진 기록지를 만들라. 첫 열은 '간격'으로 명명하고 각 행에 1부터 10까지의 수를 적는다. 둘째 열은 '남은 구슬의 수'로 명명하고 각 간격의 끝에 남아 있는 구슬의 수를 기록하라. 세 번째 열에는 각 간격이 성공인지(+) 또는 실패인지(−)를 기록해서 하루가 끝났을 때 자료를 쉽게 계산할 수 있게 하라.

3. 각 시간 간격의 시작과 끝을 정확하게 결정할 수 있도록 스톱 워치나 타이머를 들고 있으라. 타이머를 당신이 모니터링하고 있는 시간 간격으로 맞추라.

4. 문제행동이 일어나지 않는 각 시간 간격에 대해서는 강화제를 제공하라. 문제행동이 일어날 때마다 구슬을 하나씩 제거하라.

5. 간격이 끝났을 때 남아 있는 구슬이 있다면, 얼마나 많은 구슬
   이 남아 있는지와는 상관없이 그 간격은 성공한(+) 것으로 표
   시하고 강화제를 제공하라. 간격이 끝났을 때 구슬이 남아 있
   지 않다면, 그 간격은 실패한(-) 것이고 강화제는 주어지지
   않는다.

6. 충분한 자료를 수집하고 당신의 절차가 효과적인지(문제행동
   이 시간이 흐르면서 줄어드는 것을 의미함)를 결정하기 위해서는
   적어도 열 개의 간격이 있어야 할 것이다. 자료를 점수화하기
   위해, 전체 간격의 수로 성공한 간격의 수를 나누라(예: 여섯
   개의 성공한 간격을 열 개의 전체 간격 수로 나누게 되면 60%가 된
   다). 만약 점수가 80% 이상이라면, 처벌 절차가 효과적일 가
   능성이 큰 것으로 추론할 수 있다.

다음의 기록지 예시에는 세 개의 간격이 완성되었고, 여전히 유
용한 정보를 제공해 준다.

반응대가 기록지 예시

간격 #	남은 구슬의 수	결과(+ 또는 -)
1	0	-
2	2	+
3	5	+

이 기록지에 따르면, 당신은 세 개의 간격 중 아이가 첫 번째 간
격 동안에는 모든 구슬을 잃었지만 이후의 간격에서는 향상을 보
이고 있음을 알 수 있다. 우리는 + 표시뿐 아니라 남아 있는 구슬의

수에 의해서도 아이가 향상되고 있다고 말할 수 있다. 남아 있는 구
슬의 수가 더 많을수록, 아이는 그 간격 동안 문제행동을 덜 한 것
이다. 세 개 간격 이상으로 프로그램을 계속할 수는 있지만, 총 세
개의 간격 중 두 개의 성공한 간격이 있기 때문에 이 자료만으로도
2를 3으로 나누어 백분율을 계산해 낼 수 있을 것이다.

요점

- 정적 및 부적 처벌 모두 행동 감소 전략으로 그 사용에 다양한
  시사점을 가지고 있다.
- 처벌이 사용된다면 행동변화 계획에 신중하게 통합되어야만
  하며, 원치 않는 행동들의 발생을 줄이기 위해 사용될 수 있다.
- 처벌은 부모-자녀 관계에 원치 않는 영향을 미치고 아이의
  공격성을 증가시키기 때문에 단기적인 시나리오에서만 효과
  적이다.
- 처벌은 그것이 초래할 수 있는 원치 않는 부작용의 발생 가능
  성을 피하기 위해 신중하게, 최대한 적게 사용되어야만 한다.
- 처벌은 결코 단독으로 사용되어서는 안 되며, 반드시 문제행
  동을 대체할 적절하고 적응적인 행동을 가르치는 기술 형성
  프로그램과 함께 사용되어야 한다.

소거
처벌의 강력한 대안

소거란 무엇인가

소거(extinction)는 행동을 변화시키는 또 다른 강력한 절차이다. 이것은 우리가 그동안 강화해 왔던 행동을 더 이상 강화하지 않는 전략으로, 시간에 걸쳐 그 행동을 줄이는 것을 목표로 한다. 소거는 처벌을 사용하지 않고도 원치 않는 행동을 줄이기 위한 매우 효과적인 방법이다. 소거는 원치 않는 행동을 처벌하는 것에 집중하는 대신, 어떤 강화제가 원치 않는 행동을 부추기고 있는지 밝혀낸 후 강화의 원천을 제거함으로써 문제행동을 줄이는 것이다.

소거가 일상생활에 어떻게 작용할 수 있는지에 대한 아주 간단한 예를 살펴보자. 어두운 방에 들어가자마자, 아마도 당신은 전등 스위치를 켤 가능성이 크다. 불을 켜는 그 행동은 불이 들어오고 더 잘 볼 수 있게 되는 즉각적 강화에 의해 유지된다. 이제 어느 날 스위치를 켰는데도 불이 들어오지 않는 것을 상상해 보자. 당신은 스위치를 반복적으로 껐다 켰다 해서 스위치가 작동하게 만들려 하지만 소용이 없다. 아마도 다음에 발생할 일은 적어도 당신이 전구를 바꾸기 전까지는 그 방에 들어갔을 때 더 이상 전등 스위치를 켜지 않게 되는 것이다. 소거가 얼마나 강력할 수 있는지 이해했는가? 당신이 자신의 행동을 완벽하게 바꾸기 위해서는 일상적인 강화가 제거되는 단 한 번의 경우만 있으면 되었다.

소거가 처음으로 소개될 때, 부모와 다른 양육자들은 흔히 "그 행동을 그냥 무시하면 사라질 것이다."라는 말을 듣게 된다. 소거의 어떤 형태는 행동을 무시하는 것을 포함하긴 하지만, 항상 그렇게 시작하고 끝나지는 않는다. 소거를 시행하는 방법은 소거하려는 행동의 기능이나 목적에 달려 있을 것이다. 문제행동이 당신 또는 다른 양육자의 관심에 의해 강화되고 있다면, 단순히 더 이상 관심을 주지 않는 것이 당신이 목표로 하는 그 행동을 줄이거나 제거하는 데 충분한지 살펴보는 것이 상식적일 것이다.

많은 사례에서 단순히 행동을 무시하는 것은 효과가 있을 것이다. 예를 들어, 당신 자녀가 적절한 방식으로 관심을 요구하는 대신 당신의 대화에 계속해서 끼어든다고 가정해 보자. 이 예에서 소거는 끼어드는 행동을 무시하는 것을 의미하는데, 아이가 당신에게 간섭할 때마다 관심을 줌으로써 그 행동을 강화하던 것을 더 이상 하지 않는 것이다. 당신 자녀가 소리를 지르거나 성질을 부리는 것과 같은 문제행동을 통해 자신이 싫어하는 상황을 회피하거나 도피하는 경우, 소거를 사용하는 것은 회피행동이 발생하는 것을 예방함을 의미한다. 당신이 자녀에게 야채를 모두 먹으라고 요구하고, 자녀는 그것을 원치 않기 때문에 짜증을 부린다고 가정해 보자. 소거의 시행은 짜증을 부리는 것이 아무리 오래 지속된다고 해도, 일단 짜증 부리는 행동이 끝나면 야채를 다 먹어야만 다른 것을 할 수 있도록 끝까지 지켜보고 그렇게 하도록 만드는 것을 의미한다. 이 예에서 자녀에게 가르치고 있는 것은 성질을 부리는 것으로는 결코 그들이 피하려고 애쓰는 과제에서 빠져나올 수 없다는 것이 다.

처벌처럼 소거는 일종의 강화 체계와 함께 사용될 때 가장 효과 가 있는데, 자녀에게 무엇을 해서는 안 **되는지**를 가르침과 동시에 그 들이 그 대신에 해야만 하는 것들에 대해 풍부한 강화를 제공한다.

무엇을 위해 소거를 사용할 수 있나

이쯤 되면 당신은 소거가 처벌과 상당히 유사하게 들린다고 생 각하고 있을지 모른다. 둘 다 목표행동을 줄이기 위해 고안되었고 시행 결과도 비슷하지 않은가? 둘 다 목표행동의 감소를 가져오지 만, 소거와 처벌은 매우 다른 방식으로 작용한다.

처벌은 원치 않는 행동을 줄이기 위해 아이의 환경에 어떤 변화 를 만드는 것을 전제한다. 우리는 행동을 줄이기 위해 어떤 것을 더 하거나 어떤 것을 없앤다. 따라서 만약 아이가 문제행동을 하고 있 다면, 당신은 미래의 문제행동이 줄어들기를 바라며 아이에게 추 가적인 심부름을 시키거나(정적 처벌) 아이의 휴대폰을 가져갈 수 도 있다(부적 처벌). 반면에 소거는 사건이라고 이름 붙일 수 없는 것이다. 문제행동 뒤에 강화적이거나 처벌적인 어떤 것도 일어나지 않는다. 너무 단순해서 믿을 수 없겠지만, 소거는 매우 효과적이고 그 결과는 놀라울 수 있다.

차이를 잘 설명하기 위해 이 원리의 실제 예를 살펴보자. 당신 친구가 집에 왔을 때 아이가 예의 없이 계속해서 불쑥 대화에 끼어들거나 당신의 관심을 끌기 위해 계속해서 어깨를 톡톡 친다고 해 보자. 이 경우에 정적 처벌은 언어적으로 아이를 꾸짖는 것일 수 있는 반면, 부적 처벌은 특권을 없애는 것일 수 있다. 그러나 소거는 관심을 추구하는 행동이 강화받지 않도록 자녀의 방해행동을 무시하는 것일 수 있는데, 이 방법은 시간이 지남에 따라 그 행동을 점차 줄어들게 할 것이다.

소거에 관한 또 다른 시나리오는 아이가 집에 돌아가는 길에 자신이 좋아하는 패스트푸드점에 들르고 싶어 문제행동을 하는 경우이다. 당신이 식당을 지나쳐서 집으로 계속 운전할 때, 아이는 신체적으로나 언어적으로 공격적인 반응을 보일 수 있다. 이 행동을 소거하는 것은 그들이 문제행동을 함에도 불구하고 계속해서 원하는 것에 접근하지 못하게 하는 것을 의미한다. 이와 같은 경우 흔히 부모는 문제행동을 가급적 빨리 끝내기 위해 자녀에게 굴복하여 그들이 요구하는 것을 해 주게 된다. 그러나 이렇게 할 때마다 부모가 없애고 싶은 문제행동은 강화된다. 즉, 미래의 행동 발생 빈도는 증가하게 될 것이다. 행동의 이유나 기능을 이해함으로써 당신은 소거를 어떻게 하면 유용하게 사용할 수 있을지를 결정할 수 있다.

소거와 처벌 모두 올바르게 사용된다면 비슷한 결과를 가져온다. 하지만 자폐증을 지닌 아이와 일하는 ABA 전문가와 다른 전문가들은 소거를 개입방법으로 더 선호한다. 오랜 시간 적용된, 강하

거나 지나친 처벌 절차는 비윤리적일 수 있는 반면, 소거는 비(非)
사건이기 때문에 본질적으로 강하거나 거칠 수가 없다. 그리고 앞
서 언급했듯이 처벌은 처벌의 시행자인 당신이 아이에게 혐오적이
되기 때문에 부모-자녀 관계가 틀어질 수 있다. 그래서 아이가 부
모인 당신을 신체적으로나 정서적으로 피하게 될 수 있는데, 이는
바로잡기 어려울 수 있다. 소거는 당신이 강화를 철회하는 것을 의
미하지만 그 절차는 일시적이며, 당신을 혐오적 경험과 연합되게
하지는 않는다.

폭풍, 일명 '소거 폭발' 견뎌 내기

예전에 "이것은 더 좋아지기 전에 악화될 것이다."라는 말을 들
어 본 적이 있다면, 우리가 소거 폭발(extinction burst)이라고 부르는
것에 대해 이미 조금은 알고 있는 셈이다. 소거 폭발은 당신이 소거
절차를 처음 소개할 때, 즉 그 전까지 아이로 하여금 자신이 원하는
것을 얻을 수 있게 했던 어떤 것을 더 이상 강화하지 않을 때 발생
한다.

아이들은 보통 소거를 시작하면 문제행동을 해도 자신이 원하는
것을 얻을 수 없다는 사실을 믿을 수 없다는 듯이 문제행동을 급격
하게(그러나 단기적으로) 더 많이 하게 된다. 더 이상 작동하지 않는
전등 스위치의 예를 기억하라. 그 상황에서 첫 번째 본능은 강화제,
즉 전등이 켜지는 것이 더 이상 작동하지 않음을 확인하기 위해 스
위치를 반복적으로 껐다 켰다 하는 것이다. 간단히 말해, 이것이 소
거 폭발이다. 전등 스위치와 관련해서 소거 폭발은 큰 문제가 아니
다. 그러나 소거 폭발이 아이가 소리 지르거나 장난감 던지기 같은

문제행동에 두 배로 더 몰두하는 식이라면, 이는 매우 큰 스트레스가 될 것이다. '폭발'이라고 부르는 데는 다 이유가 있음을 기억하라. 반응의 폭발은 때로 강력하지만 상당히 단기적이다.

당신이 강화를 중지한 그 행동이 일시적으로 빈도, 강도, 지속시간에서 증가할 때 소거 폭발이 발생하고 있음을 알 수 있다. 소거 폭발의 길이는 당신의 자녀, 행동 유형, 그리고 자녀가 바람직하지 않은 그 행동을 하면서 얼마나 오래도록 강화를 받아 왔는지 등에 따라 다를 것이다.

종종 부모는 행동에서 이러한 급격한 증가를 보게 될 때 걱정하는데, 그것을 소거가 효과가 없다는 신호라고 생각하기 때문이다. 그러나 사실 그 반대이다. 소거 폭발은 실제로는 행동이 곧 개선되기 시작할 것이라는 신호이다. 소거 폭발은 아이가 새로운 개입을 알아챘고, 소거가 이미 그들의 행동을 변화시키고 있음을 시사한다. 예를 들어, 아이가 추가적인 컴퓨터 사용 시간을 원할 때마다 성질을 부린다고 가정하자. 지금까지 당신은 10~15분 후면 굴복하고, 그들이 진정해서 더 이상 당신의 가정생활을 망가뜨리지 않도록 컴퓨터 사용 시간을 더 주어 왔다. 다른 말로 하면, 당신은 의도치 않게 성질부리기를 강화해 왔고, 결과적으로 이는 더 빈번해졌을 것이다.

당신이 소거 절차를 소개한 날은 성질부리기가 아무리 오랫동안 지속되어도 절대 굴복하지 않겠다고 결심한 날이다. 바로 그 첫날, 성질부리기가 10분, 15분 또는 심지어 30분 정도 지속될 것이라 예상할 수 있다. 자녀의 입장에서 생각해 보자. 지금까지 그들이 한 유일한 경험은 일정 시간이 지나면 당신이 포기하는 것이고, 결국 그들은 성질부리기를 계속하기만 한다면 효과가 있을 것이라고 믿을 수밖에 없었다. 그래서 그들은 더 긴 시간 성질을 부릴 것이고, 성질부리기는 더 강력해지거나 아니면 더 빈번히 발생하게 될 것이다. 더 강력한 행동이 그들이 원하는 것을 얻게 할 수 있을지 알아보려는 일종의 테스트라고 생각하라.

여기서 해야 할 중요한 것은 소거 절차를 일관되게 유지하는 것이다. 소거 폭발이 지나갈 것임을 기억하고 폭발을 그저 견뎌 내야만 한다. 만약 문제행동이 더 강력해지거나 지속 시간이 더 길어지고 그에 대한 반응으로 당신이 소거 절차를 끝내고 굴복한다면, 이제 당신은 아이에게 문제행동을 **훨씬 더 많이 한다면** 그들이 원하는 것을 얻게 된다는 것을 가르치게 되는 것이다. 그러나 소거 절차를 지킨다면, 당신이 줄이고자 노력하는 행동의 감소를 반드시 보게 될 것이고 그 변화는 기대한 것보다 더 일찍 시작될 것이다.

소거는 매우 효과적인 전략이지만 일관성을 유지하는 것이 성공의 열쇠이다. 또한 당신 자녀와 일하는 모든 사람, 즉 교사, 훈련가, 다른 가족 구성원 모두가 소거 절차에 대해 알고 있고 한 배를 타는 것이 중요하다. 당신은 소거 절차를 사용하고 있지만 배우자나 다른 양육자들이 그 계획에 동참하지 않는다면, 이는 아빠에게는 결코 성질부리지 않기, 그러나 엄마에게는 **항상** 성질부리기처럼 당신이 아이에게 가르치고 싶지 않은 행동을 가르치게 될 것이다.

때때로 소거 절차를 시행하는 것은 매우 어려울 수 있다. 당신은 "안 돼."라고 말하는 것에 죄책감을 느낄지도 모르며, 당신이 아이의 정서적 폭발을 야기하고 있는 것은 아닌지 걱정할 수도 있다. 이러한 순간에 당신이 압도당하거나 휴식이 필요할 때, 의지할 수 있거나 당신의 좌절감을 표출할 수 있는 파트너나 친구를 갖는 것은 중요하다. 어떤 경우이든, 지지자가 있는 것은 당신이 자녀의 행동을 지속적으로 변화시키고자 노력할 때 경험하게 되는 스트레스를 일부 완화시켜 줄 수 있다.

일단 소거 절차가 정착되고 문제행동이 감소할 때 당신이 어느 순간 **자발적 회복**(spontaneous recovery)을 경험하게 될 것임을 주목하는 것 역시 중요하다. 자발적 회복은 이전에 소거된 행동이 일정 시간 후에 일시적으로 다시 나타나는 것이다. 이는 정상적인 것으로, 소거 계획이 효과적이지 않음을 의미하지 않는다. 그러나 그것이 발생할 때, 여전히 여느 때와 같이 소거 절차를 확실히 준수하는 것이 중요하다.

만약 자발적 회복 기간에 문제행동이 증가하고 그에 대해 당신이 계속해서 소거로 반응하지 않는다면, 그 행동은 당신의 강화로 강해져서 이전 비율로 되돌아갈 가능성이 있다. 소거 폭발과 마찬가지로, 이를 당신이 아직까지 소거 계획을 잘 따르고 있음을 확인하기 위한 테스트라고 생각하라. 만약 당신이 소거 프로그램을 일관되게 유지한다면, 자발적으로 회복되었던 행동은 재빨리 사라지게 될 것이다.

소거의 시행: 달리아 이야기

달리아의 부모님은 여섯 살인 달리아가 화가 날 때마다 그게 누구든지 간에 옆에 있는 사람들에게 욕설을 퍼부었기 때문에 우리 클리닉을 방문하였다. 당연히 그녀의 부모님은 이를 창피하게 여겼고 딸의 행동을 몹시 통제하고 싶어 하였다. 기저선 자료를 수집하고 부모님에게서 배경 정보를 얻은 후에 우리는 달리아의 욕설이 부모님, 또래, 또는 어쩌다 옆에 있었던 누군가로부터 많은 관심을 받을 수 있는 확실한 방법이었음을 알게 되었다. 그녀는 작은 소녀에게서 쏟아져 나오는 그런 욕설에 충격을 받은 사람들이 보이는 격한 반응을 좋아하는 듯하였다.

욕설을 무시하는 형태인 소거는 시작할 수 있는 최상의 개입방법인 듯하였다. 달리아의 부모님은 처음에는 걱정을 했는데, 욕설을 무시하는 것이 그녀가 나쁜 행동을 하도록 그냥 내버려 두는 것이라고 느꼈기 때문이었다. 하지만 그들은 먼저 집에서 소거를 시도하는 것에는 동의하였다. 낯선 사람들의 반응을 걱정할 필요가 없는 더 통제된 환경이었기 때문이었다. 먼저, 우리는 달리아가 욕설을 멈추고 우리에게 적절히 말할 때까지 그녀와 눈 맞춤이나 신체적 접촉, 대화를 하지 않음으로써 욕설을 무시하는 계획을 세웠다.

이는 처음에는 달리아가 목청껏 저주의 말을 하면서 더 많이, 더 크게 욕을 하게 만들었다. 이 소거 폭발은 약 하루 반 정도 지속되었고, 그녀의 부모님과 나는 그녀의 행동이 악화될 때 일관성을 유지하였다. 달리아의 부모님은 나의 지지하에 우리 계획에 동참했고, 아무리 달리아의 욕설이 극단으로 치달아도 절대 달리아를 쳐다보지 않았다. 달리아가 그녀의 시끄러운 욕설이 효과가 없음을 깨닫게 되자, 그녀는 자신이 사용했던 욕설을 더 충격적인 욕설로 바꾸기 시작하였다. 이는 달리아의 부모님을 놀라게 했는데, 그들은 딸이 그처럼 저속한 말을 사용하는 것을 전혀 들어 본 적이 없었기 때문이었다. 그들은 소거가 효과적이지 않다고 걱정하였다. 그러나 우리는 달리아의 소거 폭발을 함께 이겨 냈다.

매우 큰 소리의 저속한 욕설을 이틀간 계속한 후, 달리아의 행동은 변하기 시작하였다. 그녀의 전반적인 욕설의 빈도는 극적으로 줄어들었다. 그녀는 자신이 화가 났을 때를 알리기 위해 부모님의 어깨를 두드렸으며, 심지어 어떤 일로 좌절감을 느꼈을 때 휴식을 요청하는 등 사회적으로 더 적절한 행동을 보이기 시작하였다. 나는 그녀의 부모님에게 비록 그녀의 욕설이 제거되고 있는 것처럼 보여도 여전히 자발적 회복의 가능성이 있고, 따라서 그럴 때는 그들이 처음에 계획한 소거 절차를 다시 사용해야만 한다고 설명하였다. 미리 설명한 것처럼, 우리가 달리아의 행동목표에 도달한 지 약 2개월이 지났을 때 그녀의 부모님은 달리아가 퍼즐을 푸는 동안 좌절감을 느끼고 욕설을 시작했다고 말하였다. 그들은 자신들이 방심하지 않고 그 행동을 즉각 소거했다고 자랑하며 이야기하였다.

내가 이 가족과 일한 지 약 2년이 되었는데, 달리아의 부모님은 자발적 회복 기간을 잘 지나간 이후로 달리아가 다시 욕설을 한 적은 없다고 말한다.

행동 계획

소거에 대해 좀 더 알게 되었으니, 이제 이 전략을 당신 자녀에게 사용할 때가 되었다. 앞 장에서 했던 것처럼, 먼저 소거 절차의 대상으로 삼고 싶은 문제행동을 파악하라. 예시 목표는 '언어적 반항을 매일 0~1번으로 줄이기'일 수 있다.

줄이고자 하는 행동을 정하고 그것이 관찰 가능할 뿐 아니라 측정 가능하다는 것을 확인했다면, 줄이고 싶은 행동의 기능을 알아내라. 만약 목표로 삼은 그 행동이 자녀가 원하는 것을 얻거나 선호하는 활동을 할 수 있게 돕는다면 그 기능은 **접근**(access)이다. 만약 그 행동이 원치 않는 상황을 피할 수 있게 허용하는 것이라면 그 기능은 **도피**(escape)이다. 만약 그 행동이 관심을 끌게 만든다면, 그 기능은 **관심**(attention)이다.

행동의 기능에 기초하여 소거 계획을 세우라. 다음은 각 기능에 대한 소거 프로토콜이다.

- **접근**: 아이는 그들이 적절하게 행동하고 상냥하게 요구할 수 있을 때까지 자신이 원하는 것에 접근할 수 없다.
- **도피**: 당신은 그 행동이 얼마나 오래 지속되든지 간에 아이가 그 상황에서 도피하도록 허용하지 않을 것이다. 예를 들어, 아이가 10분 정도의 숙제를 하고 싶지 않아서 두 시간 동안 성질을 부린다면, 당신은 아이가 다른 어떤 것을 하기 전에 먼저 10분간 숙제를 하도록 계속해서 요구할 것이다.
- **관심**: 그 행동이 끝날 때까지 그것을 무시하라. 당신이 관심을 보이는 유일한 때는 아이가 적절한 방식으로 당신의 관심을 요구하고 구할 때이다.

당신이 지금 작업하고 있는 문제행동은 과거에 아이의 목적을 달성시켰고 규칙적으로 보상되어 왔음을 기억하라. 아이는 자신이 원하는 것을 얻는 데 익숙해 있는데 갑자기 이것이 더 이상 작동하지 않게 된 것이다. 이는 아이로 하여금 똑같은 기능을 담당할 다른 문제행동을 하도록 만들 수 있다. 그 행동들 역시 소거되어야만 한다.

새로운 절차를 시행하기 전에, 신체적으로나 정신적으로 소거 폭발에 준비하라. 문제행동의 일부로 사용될 수 있는 주변의 물건

들을 치우고, 주변 사람들에게 당신이 무엇을 하고 있는지 알려서
그들이 의도치 않게 당신이 소거시키려는 행동들을 강화하지 않도
록 하며, 굳건히 버티라. 좋아지기 전에는 더 안 좋아진다는 것을
기억하라. 이는 계획이 효과를 보이고 있으며, 당신이 알기도 전에
소거 폭발이 끝날 것임을 의미한다.

측정하기

행동목표를 세우고 행동 계획을 만들었다면 이제 자료를 수집하
기 시작할 때이다. 이 기록지는 빈도와 지속 시간을 달리 측정하기
때문에, 지금까지 당신이 사용해 왔던 것과 약간 다를 것이다.

1. 기록지 예시에서 볼 수 있듯이 빈도와 지속 시간 중 무엇을 개
   선시킬지에 근거하여 자료 수집 절차와 기록지를 준비하라.
2. 소거 절차를 시작하기 전에 기저선 자료를 수집하라. 기저선
   자료를 얻으면 전반적으로 얼마나 진전이 이루어졌는지 더
   잘 볼 수 있게 된다. 적어도 3일간 문제행동에 대한 기저선
   자료를 수집하라. 예를 들어, 말대꾸를 소거하려고 한다면,
   첫 3일은 소거 절차가 시행되지 않은 상태에서 아이가 얼마나
   자주 말대꾸를 하는지 단순히 합하면 된다.
3. 기저선 자료를 구했다면, 소거 절차를 시행하고 행동의 변화
   를 모니터링하기 시작하라. 기록지에는 빈도이든 지속 시간
   이든 적절하게 기록하라.
4. 당신의 목표가 하루에 발생하는 행동의 특정 횟수라면, 연이

은 5일 동안 매일 목표 수만큼 또는 그 이하로 문제행동이 발생할 경우 행동목표는 달성되었다고 간주된다. 만약 행동목표가 지속 시간이라면, 아이가 당신의 목표보다 더 짧은 지속 시간 동안 그 행동을 하게 된다면 행동목표가 달성된 것이다.

이러한 단계들을 따를 때, 기록지는 다음 두 가지 예시 중 하나와 같을 것이다.

빈도 소거 기록지 예시	지속 시간 소거 기록지 예시

- **대상:** 말대꾸
- **행동목표:** 말대꾸가 5일 연속으로 매일 0~1회만 발생한다.

- **대상:** 울기
- **행동목표:** 울기가 5일 연속으로 4분 이상 발생하지 않는다.

일	빈도		일	빈도
기저선 1	2		기저선 1	7
기저선 2	3		기저선 2	6
기저선 3	2		기저선 3	8
소거 1일	4		소거 1일	10
소거 2일	5		소거 2일	7
소거 3일	1		소거 3일	6
소거 4일	1		소거 4일	4
소거 5일	0		소거 5일	5
소거 6일	1		소거 6일	4

빈도 기록지의 목표는 행동을 5일 연속으로 0~1회로 감소시키는 것이다. 기저선은 행동이 하루에 두세 번은 발생하고 있었음을 보여 주며 개선의 여지를 남긴다. 소거 절차가 시행된 첫 이틀간 행

동이 증가했다가 이후 감소하는 것에 주목할 필요가 있다. 이 일시적인 증가가 소거 폭발이다. 유사하게, 지속 시간 기록지의 첫 3일도 소거 폭발이 나타났음을 보여 준다.

　두 예시 모두에서 폭발 직후에 행동이 감소했음을 볼 수 있다. 당신이 소거 계획을 시행하고 일관성을 유지한다면, 당신의 자료는 아마도 비슷한 경향을 보일 것이고 당신은 이제 무엇을 기대하고 그것을 다루도록 어떻게 준비되어야 하는지 알 것이다.

요점

- 소거는 처벌, 강화와는 다른 행동 감소 전략이라고 할 수 있는데, 어떤 것의 추가나 제거의 형태인 환경적 변화라기보다는 비사건(nonevent)이기 때문이다.
- 소거의 적용은 없애려고 하는 행동의 기능에 따라 다르지만, 그것은 항상 시간이 경과함에 따라 그 행동의 감소를 가져올 것이다.
- 소거 절차의 시작은 목표행동의 일시적 증가인 소거 폭발을 동반할 가능성이 큰데, 이는 개입이 효과를 보이고 있다는 증거이다.
- 다른 행동변화 절차와 마찬가지로 소거는 일관성을 요하며, 경이로운 행동변화가 일어날 수 있는 길을 마련해 줄 수 있다.

차별강화
문제행동 감소와 보상하기

차별강화란

차별강화(differential reinforcement)는 강화와 소거 절차를 함께 사용하는 것이다. 차별강화의 목표는 강력한 개입 두 가지를 이용하여 긍정적인 행동을 증가시킴과 동시에 문제행동을 감소시키는 것이다. 이것은 증가시키려는 행동과 감소시키고 싶은 행동 모두에 영향을 주는 유일한 절차이므로 좋은 행동변화 프로그램의 중요한 구성요소이다. 이것을 이용하여 아이에게 필요한 새로운 기술을 가르칠 수 있고, 문제가 될 수 있는 사회적으로 부적절한 행동을 감소시킬 수 있다.

대부분의 사람은 모르는 사이에 이미 차별강화를 사용하고 있다. 당신의 대화를 부적절하게 방해하며 관심 끌기를 하는 아이를 생각해 보자. 당신이나 당신의 친구가 이야기하는 동안에 아이가 관심을 끌기 위한 방법으로 방해행동을 한다면 그것을 무시하는 것으로 소거할 수 있다. 이제 방해행동과 큰 소리로 말하는 것은 소거했다고 하더라도 당신은 아이가 관심을 받고 싶을 때 적절한 방법으로 허락을 구할 수 있도록 하고 싶을 것이다. 그래서 아이가 "잠 깐만요."라고 말하거나 당신의 어깨를 두드리고 알아차려 주기를 기다렸을 때 의도를 표현한 행동을 강화하거나 방해행동을 하지 않은 것을 칭찬할 수 있다. 이것이 고전적인 차별강화의 예이다. 문제행동은 무시하고 적절한 행동에 대해서는 많은 강화를 준다.

한 가지 예를 더 생각해 보자. 아이에게 신발 끈 묶는 법을 가르치고 있다고 상상해 보자. 아이는 특정 단계에서 지속적으로 어려움을 보이지만 보통 도움을 청하지는 않는다. 신발 끈을 묶어야 할 때마다 아이는 투덜거리고 바닥에 드러눕는다. 첫 번째 단계는 어떤 대체행동이 받아들여질 수 있고 어떤 행동은 강화받지 못하는 것인지 아이에게 알려 주는 것이다. 예를 들어, 오늘이 차별강화를 사용하는 첫날이라면 아이에게 이렇게 말할 수 있다. "신발 끈을 묶을 때 몇몇 단계가 너한테 어렵다는 걸 알아. 도움이 필요하면 차분하게 도와달라고 해. 징징대거나 불평하면 도와주지 않을 거야."

이제 준비가 되었으니 아이는 무엇이 되고 무엇이 안 되는지 알고 있다. 이제 당신이 할 일은 그 말을 지키는 것이다. 당신의 목표는 소거를 통해 문제행동을 줄이는 것이기 때문에 아이가 징징대거나 불평하기 시작할 때 도와주려고 하거나 그 행동들을 알아차려서 반응해서는 안 된다. 그러나 아이가 적절한 방법으로 도움을 요청한다면 그렇게 표현한 것이 얼마나 기쁜지 알려 주고 도움을 준다.

당신이 일관되게 적절한 도움 요청은 강화하고 도움을 요구하기 위한 부적절한 행동은 소거한다면, 바람직하지 않은 행동은 줄어들고 바람직한 행동은 늘어나기 시작할 것이다. 당신이 집중을 유지하고 일관적이라면 차별강화는 매력적으로 작용할 수 있다.

처벌을 대체할 수 있는 좋은 방법

지금까지 강화와 소거가 처벌보다 더 선호되는 행동변화 전략임을 배웠다. 그러므로 자연스럽게 이 두 가지 절차가 결합된 차별강화 역시 처벌적 절차들을 대체할 수 있는 훌륭하고 매우 효과적인 방법임을 알 수 있다. 앞서 논의한 바와 같이, 이것은 아이가 잘못한 행동을 단순히 처벌하는 것보다 우리가 원하는 행동을 배울 수 있도록 돕는 훨씬 더 강력한 교수 전략이다.

차별강화는 긍정적인 행동에 대한 훈련과 강화를 포함하는 반면, 처벌은 그렇지 않다. 그리고 차별강화는 소거를 통해 문제행동을 감소시키기 때문에 처벌을 받으며 겪게 되는 혐오적인 경험에 아이를 노출시키지 않아도 된다. 강화를 매우 강조하기 때문에 아이가 차별강화 계획에 참여하고 열의를 갖게 하기가 훨씬 쉽다. 그들은 보상받을 기회를 많이 얻을 수 있다.

차별강화의 또 다른 이점은 한 번에 한 가지 이상의 문제행동을 감소시킬 수 있고 한 가지 이상의 바람직한 행동을 증가시킬 수 있다는 것이다. 따라서 더 적은 시간으로 원하는 결과를 얻을 수 있게 되고 아이도 더 빠르게 진전을 보일 수 있다. 설명을 돕기 위해 또 다른 방해행동의 예를 살펴보자. 당신이 이미 '대화에 끼어들기'는 소거하고 어깨를 두드려 주의를 끄는 것을 강화하고 있다고 해 보자. 사람은 연합 학습을 하기 때문에 아이는 소리 지르기 또는 대화 방해하기와 같은 유사한 문제행동들 역시 소거의 대상이 될 가능성이 높다는 것을 배울 수 있다. 즉, 한 가지 문제행동을 소거한 덕에 그와 연관된 문제행동들이 발생할 가능성을 감소시킬 수 있는 것이다. 이것은 '연합(association)'에 의한 것이다. 이러한 다양한 문제행동은 지속적으로 나타날 수 있다. 그러나 아이가 원하는 것을 얻기 위해 해야 할 행동을 이미 알고 있고 그 행동들이 더 많은 강화를 받기 때문에 문제행동들의 빈도는 훨씬 줄어들 수 있다. 반면, 아이는 "잠깐만요."라고 말하거나 순서를 기다리는 것과 같이 유사성이 높은 바람직한 행동들은 더 쉽게 할 것이다. 이러한 행동들은 강화받을 기회를 더 많이 만들어 주고 자신들이 원하는 결과도 얻을 수 있게 해 준다는 것을 이해할 수 있기 때문이다. 이러한 방식으로 차별강화는 한 번에 여러 가지 기술을 만들어 나갈 수 있도록 하고, 동시에 여러 가지 문제행동을 줄여 나갈 수도 있게 한다.

아이가 한 명뿐인 사람에게는 해당되지 않으나, 차별강화는 한 번에 여러 사람을 대상으로 목표행동을 만들고 문제행동을 감소시킬 수 있기 때문에 집단 상황에서도 매우 효율적이다. 어떻게 이것이 가능할까? 집단 내의 한 아이가 관심을 얻기 위해 방해행동을 할 경우, 집단 내의 누군가가 적절하게 관심 끌기 행동을 할 때까지 집단 전체에 관심을 주지 않을 수 있다. 이러한 방식으로 집단 전체는 무엇이 되고 무엇이 안 되는지 배울 기회를 얻는다. 그리고 그들은 개개인 또는 집단이 원하는 것을 얻을 수 있는 행동을 할 가능성이 높아진다. 이것이 가정에서는 어떻게 작용할까? 예를 하나 들어 보자. 세 아이가 어떤 장난감을 두고 서로 싸울 경우 당신은 장난감을 가져가고, 한 아이가 다 함께 사이좋게 장난감을 가지고 놀 수 있는 방법을 공유할 때까지 그것을 주지 않는다. 그다음에는 그 아이에게 장난감을 돌려주며 협조적인 행동을 한 것에 대해 언어적으로 칭찬한다. 그 일이 일어나는 동안 나머지 두 아이는 상황을 지켜보는 것만으로도 같은 교훈을 배울 수 있을 것이다.

DRO: 이것은 1+1이다!

차별강화 절차에는 다양한 유형이 있다. 그러나 여기서는 **타행동 차별강화**(differential reinforcement of other behavior: DRO)에 초점을 맞출 것이다. DRO는 문제행동이 '없음'에 대해 강화를 제공하는 차별강화의 한 유형이다. 이것은 처음에는 다소 혼란스러울 수 있다. 그래서 이것을 몇 가지 예로 나눠서 살펴보려고 한다.

당신이 다른 아이에게 관심을 줄 때마다 아이가 소파 위에서 뛴다고 해 보자. 당연히 이 상황은 매우 힘들 수 있고 따라서 소파에서 뛰기를 감소시키는 것을 목표행동으로 정할 수 있다. DRO 절차를 사용해 보자면, 아이가 매 90초 동안은 소파에서 뛰지 않는다고 했을 때, 그 시간 동안 아이가 하는 어떤 적절한 행동이든 강화한다. 그 행동은 단지 조용히 앉아 있는 것일 수도 있고 형제와 좋아하는 장난감을 함께 가지고 노는 것일 수도 있다.

아이가 소파에서 뛰지 않는 한, 기본적으로는 어떤 친사회적 행동이든지 강화될 수 있다. 감소시키려고 하는 행동이 '관심 끌기'이기 때문에 아이는 긍정적인 방법으로 강화를 받고 관심에 대한 욕구가 충족되어 행복할 것이다. 반대로, 90초 안에 아이의 뛰는 행

동이 나타나면 행동의 지속 시간이나 강도와 상관없이 뛰는 행동
은 무시하고 정해진 간격이 끝났을 때 강화를 주지 않는다.

DRO를 이용하여 강화와 소거의 힘을 혼합하고 한 번에 두 가지
방향(문제행동의 감소와 긍정적 행동의 강화)으로 행동을 효과적으로
형성해 나간다. 이 절차는 설정한 기간 동안 연속적으로 이루어져야
하기 때문에, 만약 숙제하는 시간과 저녁식사 시간 사이의 한 시간
동안 DRO 훈련을 시행하고자 정했다면, 시간의 경과를 잘 따라갈
수 있도록 행동 계획을 세우는 것이 중요하다. 어떤 DRO 절차이든
지 정해진 시간에 강화를 제공하는 것이 가장 결정적인 요소이다.

DRO 절차를 사용하는 동안 또 유의해야 할 것은 정해 놓은 시간
간격 중에 발생하는 다른 문제행동이 우연히 강화되지 않도록 하
는 것이다. 예를 들어, 아이가 징징대지는 않았으나 장난감을 던지
고 있다면 징징대지 않아서 제공한 강화제가 잠재적으로는 던지기
행동을 강화할 수 있다. 다른 문제행동을 우연히 강화할 가능성을
낮추기 위한 한 가지 방법은 아이가 잠재적인 다른 문제행동을 할
틈이 없도록 시간 간격을 매우 짧게 하는 것이다. 또 다른 해결책은
함께 발생하는 문제행동들을 DRO 계획에 포함시켜 동시에 소거하
는 것이다.

차별강화는 아이가 문제행동을 통해 얻는 강화보다 더욱 강력한
강화를 제공할 때만 성공할 수 있음을 기억해야 한다. 강화는 즉각
적으로 주어져야 하고, 어떤 행동 때문에 강화를 받은 것인지 알려
주는 사회적 칭찬과 연합되어야 한다. 강화제는 구하기 쉽고 제공
하기 쉬우며 매우 갖고 싶은 것이어야 한다.

문제행동으로는 어떠한 보상이나 강화제가 되는 흥미로운 것을
얻지 못하고 친사회적 행동으로는 긍정적인 관심을 얻기 때문에

시간이 지남에 따라 아이가 했던 문제행동은 줄어들 것이다. 이러한 점에서 DRO는 행동변화 전략 중에서 매우 큰 변화를 일으킬 수 있는 결정적인 도구가 될 수 있다.

행동 계획

차별강화는 결과를 빠르게 확인할 수 있기 때문에 당신에게 소개해 줄 만한 매우 흥미로운 행동변화 전략이다. 이것은 소거와 강화의 두 가지 기술을 동시에 적용한다. 당신은 이미 이 두 가지 절차를 각각 적용해 보았기 때문에 DRO를 시행하는 것은 더 쉬울 것이다.

우선 감소시킬 행동을 선정하는 것부터 시작한다. 3장에서 언급했듯이, 행동은 분명하게 정의되어야 하고 그것은 관찰과 측정이 가능해야 한다. 그다음에는 이 절차를 진행하는 동안 강화를 줄 수 있을 만큼 빈번하게 나타나고 있는 아이의 긍정적인 행동목록을 만든다.

DRO 절차를 사용할 것이기 때문에 얼마만큼의 시간이 흐른 뒤에 긍정적인 행동을 강화해 줄 것인지도 결정해야 한다. 가장 좋은 규칙은 문제행동이 보통 어느 정도의 시간 간격으로 발생하는지 측정하고 그 간격보다 짧게 시간을 설정하는 것이다. 예를 들어, 아이가 일반적으로 2분마다 친구를 때린다면, 시간 간격을 1분 30초로 설정할 수 있다. 그러면 정해진 시간 간격이 끝나기 전에 문제행동이 발생할 가능성을 전략적으로 낮춰 아이의 성공 기회를 늘려준다. 강화받을 기회를 많이 만들어 줄수록 아이는 더 빠르게 학습할 수 있다.

이 예에서의 목표는 정해진 시간 간격 내에 발생하는 적절한 행동들을 강화함으로써 때리기 행동을 감소시키는 것이다. 강화는 시간 간격 **동안**에 제공하는 것이 아니라 간격이 끝난 직후에 제공하는 것임을 기억해야 한다. 또한 간격 동안 문제행동이 전혀 나타나지 않았을 때만 강화를 줘야 한다. 시간 간격 내에 원하지 않는 행동이 발생했다면, 강화를 보류하고 시간 간격을 새로 시작해야 한다.

이제 연습을 통해 DRO가 어떤 것인지 알게 되었다면 좀 더 구체적인 예를 살펴보도록 하자. 감소시켜야 할 아이의 목표행동이 사람들의 대화를 방해하는 행동이라고 해 보자. 방해행동이 1분 15초마다 발생하는 경향이 있으므로 DRO 간격을 1분으로 설정한다. 시간 간격의 시작과 끝을 확인할 수 있도록 조용하고 반복설정이 가능한 타이머를 1분으로 맞추고 DRO 절차를 시작한다.

아이가 사람들의 대화를 방해할 때는 시간 간격이 끝나도 강화제를 제공하지 않는다. 그러나 1분이 지나도 아이가 방해행동을 **하지 않으면** 간격 동안에 발생한 어떤 행동이든 긍정적인 행동(예: 저녁식사 자리에서 냅킨으로 손을 닦는 행동)에 대해 강화를 제공한다.

DRO 절차가 효과를 보이고 있는지 확인하기 위해서는 매 간격에 방해행동의 발생 횟수를 기록해야 한다. 예를 들어, 1분 간격 동안 방해행동이 7회 나타났다면 7개의 선을 그어 표시하거나 '7'이라고 기록한다. 그러나 매 간격에서 목표행동이 매우 높은 비율로 발생한다면, 행동의 횟수를 기록하는 것이 어려울 수 있다. 이런 경우에는 행동의 발생 횟수를 기록하는 대신 간격 동안 행동이 있었는지 또는 없었는지만 (−) 또는 (+)로 기록할 수 있다. 행동이 관리 가능한 수준까지 감소한 뒤에 아이의 진전을 좀 더 자세히 살펴보기 위하여 발생 횟수를 기록하기도 한다.

차별강화의 시행: 드웨인 이야기

열 살이 된 드웨인이 ABA 치료를 시작하였다. 그는 최근 자폐증 진단을 받았고 그의 부모님은 치료가 시작되기를 간절히 원하였다. 초기 상담을 진행하고 배경정보를 수집하였을 때, 드웨인의 부모님은 가족이 산책할 때마다 아이가 이웃집 잔디밭에 들어가는 것이 가장 큰 문제행동이라고 하였다. 나에게는 사소한 문제인 것처럼 느껴졌지만 이웃들의 항의 때문에 아이의 이 행동은 매우 큰 스트레스 요인이라고 하였다.

드웨인에게 이웃집 잔디밭으로 들어가지 말라고 하면 분명히 알아듣는 것 같지만 행동은 변하지 않는다고 하였다. 사실 부모님이 멈추라고 말을 하면 할수록 문제행동을 더 하는 것처럼 느껴진다고 하였다. 나는 그들의 산책에 동행하기로 했고 흥미로운 것을 관찰하였다. 가족이 산책을 하는 동안 부모님은 전화를 하거나 문자를 보냈고 이메일 답장을 보내기도 하였다. 그들은 완전히 정신이 팔려 있었다. 그들이 유일하게 드웨인에게 주의를 기울일 때는 그가 이웃집 잔디밭으로 들어갈 때였고, 부모님은 그를 멈추려고 하였다. 나는 드웨인의 부모님이 매우 바쁘게 살고 있고, 산책이 일주일 중 유일하게 함께 보내는 시간이라는 것도 알게 되었다. 드웨인은 대부분의 시간을 베이비시터와 보냈기 때문에 산책 시간은 드웨인이 부모님과 보낼 수 있는 매우 드문 기회였던 것이다.

드웨인의 행동이 부모님의 관심을 얻으려는 노력임을 알게 된 후, 나는 그들을 도울 수 있는 차별강화 계획을 짤 수 있었다. 첫 번째 규칙은 드웨인이 부모님의 관심을 온전히 받을 수 있는 시간에 산책을 하는 것이었다. 부모님을 위한 전략은 시키지 않아도 스스로 인도로 잘 걷는 것(바람직한 행동)이 얼마나 잘하고 있는 행동인지 드웨인이 알 수 있도록 사회적인 칭찬과 하이파이브를 해 주고, 잔디 위를 걷는 행동(문제행동)은 무시하는 것이었다. 이렇게 하기 위해서 우리는 이웃들에게도 계획을 설명하여 그들이 집 밖으로 나오거나 다른 방식으로 문제행동에 관심을 주어 우연히 그 행동을 강화하지 않도록 하였다.

드웨인은 인도로 걷는 동안 원하는 만큼 많은 관심과 칭찬을 받을 수 있었기 때문에 더 이상 잔디 위로 걷지 않았다. 이렇게 될 때까지 고작 3일밖에 걸리지 않았다! 그들은 방해받지 않고 충분한 시간을 함께 보낼 수 있었기 때문에 가족의 산책은 더욱 즐거운 활동이 되었다. 드웨인의 부모님은 행복했고 이웃들도 기뻐하였다. 그리고 마침내 드웨인은 원하는 만큼 관심을 받게 되었다.

측정하기

이 행동 계획에서 자료를 수집하기 전에 눈에 잘 띄지 않는 타이머 또는 스톱워치가 필요하다. DRO를 적용할 때, 당신은 일정 시간 동안 강화를 주고 있다는 사실을 아이가 모르게 하고 싶고, 그러기 위해서는 당신만 알 수 있는 무음 또는 진동 알람을 찾아보아야 한다. 어떤 시계는 진동 타이머를 반복설정할 수 있다. 정해진 시간 간격이 지나면 진동을 울려 눈에 띄지 않게 알려 주는 다른 장치들도 있다. DRO 절차가 효과적이기 위해서는 지속적으로 시행해야 한다는 것을 기억해야 한다.

1. 시간 간격과 목표행동을 결정한다.

2. 세 개의 열로 구성된 기록지를 만든다. 세 개의 열은 간격들의 횟수를 기록하는 열, 문제행동 발생 횟수를 기록하는 열(선택), 그리고 간격 동안 아이가 문제행동을 했는지 안 했는지를 기록하기 위한 정반응(+) 또는 오반응(−)을 기록하는 열이다.

3. 자료 수집을 시작한다. 이 절차를 매분 시행하는 것이 어렵더라도 할 수 있는 한 많은 자료를 수집하는 것이 가장 좋다. 자료가 많을수록 소거 폭발 동안의 정점이나 특정한 시도 횟수 이후의 유의미한 행동 감소와 같은 행동 패턴을 더 잘 살펴볼 수 있다.

4. 완수해야 하는 다른 목표들과 마찬가지로, 문제행동이 감소하여 5일 연속 80% 이상의 점수를 얻으면 목표에 도달한 것으로 볼 수 있다.

다음과 같은 기록지를 사용할 수 있다.

DRO 기록지 예시

- 시간 간격: 1분
- 문제행동: 끼어들기

간격 #	문제행동 횟수	결과(+ 또는 −)
1	5	−
2	4	−
3	0	+

이 기록지는 문제행동(끼어들기)과 시간 간격(1분)을 말해 준다. 이 예시에서 간격의 횟수(1~3)는 이 절차가 3회 시행되었음을 의미한다. 각 간격마다 행동의 발생 횟수는 줄어들고 있는데, 이것은 진전이 있음을 보여 주는 것이다. 이전 간격 동안에는 문제행동이 있었기 때문에 오반응(−)으로 기록하였지만, 마지막 간격에서는 아이가 문제행동을 하지 않았기 때문에 정반응(+)으로 기록하였다. 다른 차별강화 절차와 마찬가지로 시간이 지남에 따라 정반응(+)이 증가하는 만큼 문제행동의 발생 횟수는 감소하게 된다.

요점

- 차별강화는 강력한 행동변화 전략을 수립하기 위하여 강화와 소거의 두 가지 절차를 혼합하였다는 점에서 특별하다.
- 이 절차는 문제행동을 감소시키기 위해 배운 방법을 적용하는 동안 아이의 강점을 지속적으로 만들어 나가는 데 집중할 기회를 준다.
- DRO는 아이의 행동 레퍼토리 안에 있는 문제행동을 감소시키기 위해 아이가 보이는 거의 모든 바람직한 행동을 이용할 수 있도록 한다. 이러한 방식으로 아이의 강점을 긍정적인 행동변화를 지원하는 데 사용할 수 있고, 아이의 삶의 질을 향상시킬 수 있다.

'복잡하다'
복합 행동을 가르치는 쉬운 방법

'복합 행동'이란

　운전을 처음 배울 때로 돌아가서 생각해 보자. 아마도 지금은 운전이 본능적인 행동처럼 여겨지겠지만 처음 운전을 배울 때는 많은 단계를 습득해야 했고 많은 연습이 필요하였다. 이처럼 작은 행동들의 연쇄로 이루어지는 행동들을 '복합 행동(complex behavior)'이라고 한다. 자폐증을 가진 아이들에게 복합 행동을 가르치는 가장 효과적인 방법 중 하나는 많은 '연쇄'로 이루어진 복합 행동을 각각의 작은 단계로 나누어 개별적으로 가르치는 것이다.

　가르치려고 하는 행동이 복합 행동인지 아닌지 결정하는 가장 좋은 방법은 궁극적인 행동목표를 달성하기 위해서 한 가지 이상의 단계가 필요한지를 평가하는 것이다. 예를 들어, 슬리퍼를 신는 것은 한 단계 과정이므로 복합 행동이 아니다. 그러나 운동화 끈을 묶는 것은 여러 단계를 거쳐야 하므로 복합 행동이다. 일상생활에서 하는 대부분의 행동은 복합 행동의 범주에 속하기 때문에 아이에게 이러한 행동들을 효과적이고 효율적으로 가르치는 방법을 아는 것은 매우 중요하다. 당신이 해야 할 일은 복합 행동을 더 작고 관리가 가능한 단계로 나눈 뒤, 각 단계를 가장 효과적으로 가르치는 방법을 찾는 것이다.

서로 연결된 작은 행동들이 더 광범위하고 복합적인 행동을 만들어 나가는 과정을 '연쇄(chaining)'라고 한다. 이러한 복합 행동을 더 작고 개별화된 교수 단위로 나눔으로써 아이가 독립적인 생활기술과 직업기술, 그리고 스포츠와 같은 즐거운 여가기술을 발전시켜 나가도록 도울 수 있다.

복합 행동을 가르치기 위한 기본적인 방법에는 순행 연쇄, 역행 연쇄, 그리고 전체 과제 제시의 세 가지가 있다. 각각의 전략을 좀 더 자세히 살펴보도록 하자.

- **순행 연쇄**(forward chaining): 이 방법은 행동연쇄의 가장 처음부터 시작한다. 한 번에 한 단계를 가르치고 앞 단계가 숙달되기 전까지는 다음 단계로 넘어가지 않는다. 신발 끈 묶기의 예를 다시 들어 보자. 순행 연쇄는 아이가 신발 끈 두 개를 잡아 'X'를 만들도록 가르치고 그것을 확실히 배울 때까지 끈들을 서로 묶는 다음 단계로 넘어가지 않는 것을 의미한다. 만약 아이가 첫 단계를 스스로 할 수 없다면 그 단계만 훈련시키고 나머지는 모두 해 주어 아이가 배우려고 하는 최종 목표가 무엇인지 이해하도록 한다.

- **역행 연쇄**(backward chaining): 마지막 단계만 제외하고 모든 과정을 훈련자가 해 주는 것을 의미한다. 신발 끈 묶기의 예에서 마지막 단계는 리본을 당겨 조이는 것이다. 다시 말해서, 신발 끈을 묶는 모든 단계는 직접 해 주고 마지막 단계만 아이가 독립적으로 할 수 있도록 끈을 건네준다. 아이가 마지막 단계를 숙달하면 한 단계 거슬러 올라간다. 마지막에서 두 번째 단계는 리본을 감아 묶는 것이고 그 전 단계는 '토끼귀'를 만드는 것이 될 것이다. 이러한 방식으로 신발 끈을 묶는 데 필요한 모든 단계를 아이가 독립적으로 완료할 수 있을 때까지 계속 거슬러 올라간다. 역행 연쇄는 과제 완료에 대한 강화의 경험을 쌓아 감으로써 동기를 더 부여해 주기 때문에, 좀 더 어려운 복합 행동을 배우는 데 일반적으로 사용된다. 때때로 아이들은 행동연쇄의 첫 단계를 완료하고 강화를 얻는 것보다 신발 끈이 잘 만들어진 리본으로 묶여 있는 것을 보는 것을 더 좋아하기도 한다.
- **전체 과제 제시**(total task presentation): 훈련 회기마다 행동연쇄의 처음부터 끝까지의 모든 단계를 가르치도록 시도하는 것을 의미한다. 전체 과제 접근법은 연쇄를 가르칠 때마다 모든 단계를 제시하기 때문에 아이에게 각 단계를 연습할 기회를 더 많이 줄 수 있다.

대부분의 상황에서 전체 과제 제시는 가장 선호되는 방법이다. 왜냐하면 아이는 어떤 단계를 다른 단계보다 더 빨리 배울 수 있고 나머지 단계를 숙달하기 위해 연습하는 동안 그 단계는 완벽하게 유지해 나갈 수 있기 때문이다. 역행 연쇄와 순행 연쇄는 아이 스스로 모든 단계를 수행하기에 현실적으로 너무 어려운 기술을 가르칠 때 사용되는 방법들이다. 이를 위해 복합 행동을 더 작은 구성요소들로 나누는 것은 도움이 된다.

이제 복합 행동과 연쇄과정에 대한 기본적인 정보를 알았으니 훈련을 위해 직접 행동연쇄를 만드는 방법을 배워 보도록 하자.

행동 나누기

부모들과 전문가들에게 ABA 전략을 사용하도록 훈련하는 과정에서, 나는 사람들이 복합 행동연쇄를 완료하기 위해 얼마나 많은 단계가 필요한지 과소평가하는 경향이 있다는 것을 깨달았다. 예를 들어, 한 부모는 자신의 아이가 어떤 도움이나 격려도 없이 혼자서 이를 닦을 수 있다고 주장하였다. 나는 이 목표를 확실하게 완료하기 위하여 부모에게 아이가 양치질하는 것을 관찰하고 행동연쇄의 각 단계에 대한 자료를 수집해도 되는지 요청하였다. 나는 아이가 이를 닦기 위해 여전히 촉진이 필요하다는 것을 알게 되었고, 어머니는 아이가 매우 많은 단계를 빠트리고 있다는 사실에 놀랐다. 어머니가 일상적으로 관찰했을 때는 빠진 단계들을 알아채지 못했던 것이다.

행동연쇄 계획을 세울 때 단계를 빠트리는 것을 막기 위한 가장 좋은 방법은 행동연쇄의 각 단계를 직접 해 보고 그것을 기록하는 것이다. 아이에게 '멈춤' 표시가 있는 길을 건너가는 방법을 가르친다고 해 보자. 이 행동연쇄를 가르치기 전에 '멈춤' 표시가 있는 곳으로 가서 행동을 해 보면서 각 단계를 기록한다. 전체 연쇄를 다

완료한 후 기록하는 것보다 각 단계를 그때그때 기록하는 것이 좋다. 이것을 완료하면 행동연쇄는 마치 지시 목록과 같이 된다.

1. 길 모서리에 멈춘다.
2. 차가 오는지 오른쪽을 본다.
3. 차가 오는지 왼쪽을 본다.
4. 양쪽을 다시 확인한다.
5. 안전할 때(차가 멈춰 있거나 없을 때) 길을 건넌다.
6. 길을 건너면서 양쪽 길을 계속 확인한다.
7. 안전하게 인도 위로 올라간다.

이 단계들의 대부분은 당신에게 거의 본능적인 것처럼 그리 복잡하지 않은 상황일 것이다. 그러나 아이들에게 안전하게 길 건너기와 같은 기본적인 기술을 가르칠 때는 차도로 내려가기 전 양방향을 살피는 것과 같이 우리에게는 본능적인 일일지라도 아이들에게는 지속적으로 상기시켜야 한다.

행동연쇄를 작은 단위로 나누고 개요를 구성해야 하는 또 다른 이유는 기술의 구성요소들을 가르칠 정확한 순서를 정하기 위한 것이다. 만약 아이가 양쪽 방향을 살펴보기 전에 길을 건너려고 한다면 목표행동을 성공적으로 수행할 수 없을 것이다. 각각의 단계를 나누면 전체 기술을 정확하고 올바른 순서대로 가르치고 있는지, 그리고 우연히 아이가 작은 실수들을 하도록 가르치고 있지는 않은지 확인할 수 있다. 이 방법은 단계가 누락되었거나 정확하게 완성되지 않은 것을 뒤늦게 발견하고 단계들을 추가하거나 연쇄의 부분들을 다시 가르치는 상황을 피할 수 있게 해 준다.

행동형성이란

　행동형성(shaping)은 복합 행동을 가르치기 위한 또 다른 좋은 방법이다. **행동형성**은 '목표행동과 점차 유사해지는 행동들에 대한 차별강화'이다. 다소 기술적인 것처럼 들리겠지만, 사실 우리는 이 개념들 대부분을 이미 다루었다. 6장에서 차별강화가 강화와 소거의 조합이라는 것을 배웠다. 이 장에서는 차별강화의 역할이 새롭고 복잡한 행동들을 성공적으로 배우는 데 얼마나 중요한지 알게 될 것이다.

　행동형성은 당신이 알아차리지 못한 사이에 이미 사용하고 있는 교수 전략일 것이다. 이 방법은 자전거 타기에서 운동기술 배우기, 새로운 단어 쓰기를 배우는 것까지 광범위한 일상생활기술 학습에 일반적으로 사용된다. 행동형성은 예를 통해 쉽게 설명될 수 있는데 여기서 심도 있게 살펴보도록 하자.

　아기가 처음으로 도움을 받아 일어설 때 응원, 미소 및 사회적인 칭찬으로 강화를 준다. 당신이 강화하는 것은 서는 행동 자체가 아니라 목표가 되는 걷기행동에 근접한 첫 번째 확실한 동작이다. 걷기 위해서는 서는 자세를 취해야만 한다!

　그다음에는 다음 단계의 강화로 나아가 아기가 도움 없이 스스로 서는 것을 배울 것이다. 이제 아기는 도움 없이 설 수 있으므로 도움을 받아 서는 행동에는 더 이상 강화를 주지 않는다. 이제부터는 아기가 스스로 설 때만 강화를 준다. 어느 날, 아기가 벽을 잡고 첫발을 내딛는 것을 보게 된다. 당신은 놀라워하며 이전보다 더 큰 소리로 응원하고 첫발을 내딛는 것이 얼마나 기특한지 칭찬한다.

아기가 걷기행동과 유사한 다음 단계의 행동을 성공한 것이다. 시작보다 더 목표행동에 가까워졌다. 이제 아기가 서는 행동 이상을 할 수 있다는 것을 알고 있기 때문에 도움을 받든 받지 않든 서는 행동은 강화하지 않고 도움을 받아서 걷는 행동에만 강화를 준다.

아기가 독립적으로 걷기 시작하면 도움 없이 걸으려고 노력할 가능성을 높여야 하기 때문에 그 행동만 강화한다. 이러한 방식으로 혼자 걷기를 가르치고 강화하기 위해 행동형성을 사용해 왔다.

이 행동을 가르칠 때 원하는 행동만 강화하고 벽을 잡고 서는 것과 같은 행동은 더 이상 하지 않도록 했기 때문에 차별강화가 이루어진다. 강화의 목표가 행동을 증가시키는 것이라면, 각 단계를 강화하는 것은 그 단계를 더 반복하도록 동기를 유발하는 것이다. 만약 아기가 이미 숙달된 이전의 모든 단계에 대해 강화를 받는다면 다음 단계를 하지 않고도 이미 강화에 대한 욕구가 채워졌기 때문에 걷는 방법을 더 이상 배우려고 하지 않게 될 것이다.

행동형성은 표면적인 특성들이 행동연쇄와 같기 때문에 때로 혼동될 수 있다. 이 둘을 구별할 수 있는 가장 좋은 방법은 행동연쇄는 새로운 행동들을 훈련하는 과정이고 행동형성은 아이가 이미 하고 있는 행동들을 수정해 나가는 과정이라고 기억하는 것이다.[1] 행동연쇄는 하나의 크고 복잡한 행동을 개별적으로 가르칠 수 있는 작은 행동들로 나누는 과정을 포함한다는 것을 기억해야 한다. 이 행동들은 신발 끈 묶기와 같이 대부분 아이가 아직 숙달하지 못한 새로운 행동들이다. 반면, 행동형성은 목표행동에 근접한 행동

---

1) 역주: 'shaping'은 하나의 행동을 더욱 정교하게 다듬어 간다는 의미에서 '조형'이라고 해석되기도 한다.

들만 강화함으로써 행동을 만들어 가고 목표를 향해 이끌어 가며 이루어지는 것이다. 행동형성 과정에서 나타나는 유사한 행동 또는 새로운 행동은 목표에 한 단계 더 가까운 것이어야 한다.

행동형성은 아이를 위해 강화와 동기를 이용하여 새로운 행동을 점진적으로 가르칠 수 있게 한다. 이것은 윈-윈 상황이다!

촉진이란

촉진(prompting)은 복합 행동을 가르치는 데 매우 유용한 또 다른 방법이다. 우리 대부분은 일상에서 행동적인 촉진과 같은 것들을 사용하거나 받고 있다. **촉진은 배우고자 하는 행동을 완수할 수 있도록 돕는 모든 자극, 힌트 또는 도움을 말한다.** 예를 들어, 자전거 타는 법을 배울 때 보조바퀴는 두발자전거를 성공적으로 탈 수 있도록 돕는 촉진의 한 형태이다. 비슷한 예로, 아직 혼자서 수영을 하지 못하는 사람에게 수영판은 물속에서 잘 움직일 수 있도록 도와준다. 간단히 말해서, 촉진은 '일시적인 도우미'라고 생각하면 된다.

촉진의 시행

촉진을 주는 방법은 다양하다. 가장 일반적인 촉진인 **최대-최소** 촉진과 **최소-최대** 촉진의 두 가지에 초점을 맞춰 보자. **최대-최소** 촉진은 새로운 행동을 처음 가르칠 때 사용한다. 최대에서 최소로 간다는 것은 처음에는 개입을 많이 하고 손을 많이 대는 촉진을 사용하다가 아이가 추가적인 도움이 더 이상 필요하지 않을 때까지 촉진의 사용을 점차적으로 줄여 나가는 것을 의미한다.

자전거 타는 법을 배울 때 보조바퀴를 사용하는 것이 최대−최소 촉진의 예이다. 처음 자전거를 타는데 보조바퀴가 없다면 계속해서 넘어지거나 앞으로 갈 수 없을 가능성이 높고, 그로 인해 새로운 기술을 연습할 수 없게 될 것이다. 요령이 생기기 시작하면 보조바퀴는 없앨 수 있다. 즉, '일시적인 도우미'가 더 이상 필요하지 않은 것이다. 연습을 하면 할수록 기술은 향상되고, 마침내 도움 없이 자전거를 탈 때까지 물리적 도움인 촉진은 점점 필요성이 줄어들게 된다. 이것이 매우 강한 촉진으로 시작하여 촉진이 필요 없을 때까지 서서히 줄여 나가는 최대−최소 촉진의 예이다.

최소−최대 촉진은 일반적으로 이미 아이의 행동목록에 있는 기술에 대해 개입할 때 사용한다. 최소−최대 촉진을 사용할 때는 개입이 가장 적은 촉진으로 시작하여 **필요할 때만** 개입을 많이 하는 촉진을 사용한다. 이것은 가르치고 있는 기술을 독립적으로 완수하도록 촉진하는 가장 효과적인 방법이다.

최소−최대 촉진의 가장 일반적인 예는 초보 운전자가 운전 연수를 받는 것이다. 초보 운전자는 운전석과 조수석 모두에 핸들과 브레이크가 있는 차로 연습을 한다. 연수생이 직접 운전을 하다가 브레이크를 빨리 밟지 못하거나 차를 돌리지 못할 때는 강사가 다양한 방법으로 개입하고 촉진한다. 예를 들어, 연수생이 핸들을 돌려야 하는 방향을 가리키는 것과 같은 간단한 제스처 촉진을 사용할 수 있다. 하지만 연수생에게 도움이 더 필요해 보이면 음성적 촉진을 사용하게 되고, 마지막으로 직접 핸들을 돌리는 물리적 촉진을 사용하게 된다.

촉진은 일시적이어야만 한다. 그렇지 않으면 아이는 촉진에 의존하게 된다. 촉진 의존(prompt dependence)은 아이가 어떻게 하는지 알고 있음에도 불구하고 촉진 없이는 활동을 시작하거나 완료하지 않을 때 발생한다. 이것은 촉진을 너무 자주 사용하여 아이가 그것에 익숙해지고 촉진 없이는 목표행동을 하지 않을 때 나타난다. 예를 들어, 아이가 옷 입는 법을 알고 있지만 매일 아침 서둘러 학교에 가야 하기 때문에 당신이 계속 옷을 입혀 준다면, 아이에게 스스로 옷을 입으라고 했을 때 아이가 당신의 도움을 기다리거나 다음에 할 일을 말해 줄 때까지 기다리는 것을 보게 된다. 당신의 촉진이 과업의 중요한 부분이 되었기 때문이다. 아이가 필요할 때만 촉진을 주고, 또 촉진을 줄 때도 가장 개입이 적은 촉진을 사용한다면 촉진 의존이 나타날 가능성을 줄일 수 있다.

촉진 줄이기

어른들은 더 이상 보조바퀴를 달고 자전거를 타거나 또는 주기적으로 핸들을 대신 잡아 주며 소리치는 강사와 운전을 하지 않는다. 어느 시점에 이러한 촉진들은 없어졌다. 어떻게 그렇게 할 수 있었을까? 촉진은 **용암법**(fading)이라고 하는 과정을 통해 점진적으로 제거하는 것이 가장 좋다.

용암법은 촉진을 점진적으로 줄여서 행동목표를 독립적으로 완수할 수 있도록 하는 것이다. 용암법이 완료되어 행동을 정확하게 수행할 수 있을 때까지는 아이가 목표행동을 달성했다고 말할 수 없다. 예를 들어, 여전히 보조바퀴를 달고 자전거를 타고 있다면 아직 독립적으로는 자전거를 탈 수 없는 것이다. 행동적으로 자전거 타기를 성공하기 위해서는 보조바퀴를 떼어 낸 다음에도 자전거를 탈 수 있어야 한다.

　자폐증을 가진 아이들에게 읽기를 가르칠 때 용암법을 자주 사용한다. 무지개의 색 이름을 읽는다고 해 보자. 색 이름에 해당하는 색깔로 굵은 글자를 쓰는 것으로 시작한다. '빨강'은 빨간색 펜, '노랑'은 노란색 펜과 같은 식으로 모든 색을 쓴다. 그다음에는 각 단어를 가리키면서 "뭐가 보여?" 또는 "뭐라고 쓰여 있어?"라고 질문한다. 글자의 색깔은 단어를 떠올리는 것을 돕는 촉진의 역할을 한다. 목표 색깔로 굵게 쓰인 단어를 아이 스스로 읽게 되면, 다음은 색깔은 동일하되 촉진이 희미하도록 굵지 않은 글자로 각 단어를 다시 쓴다.

　그다음은 각 단어를 검은색으로 쓰고 목표 색깔로 각 단어에 밑줄을 긋는다. 각 단어를 분명히 학습할 때까지 읽기 연습을 하면 각 단어를 모두 정확하게 읽을 수 있게 된다. 마지막 단계는 아무런 색깔 촉진도 없는 단순한 글자를 정확하게 읽는 것이다. 이 목표의 용암 절차는 다음과 같다.

1. **빨간색**
2. 빨간색
3. <u>빨간색</u>
4. 빨간색

이 예에서 촉진 없이 목표행동이 달성될 때까지 '빨간색' 글자를 강조하는 자극은 점진적으로 사라진다. 아이의 독립 수준은 촉진의 수준이 약해짐에 따라 점차 향상되는 것이므로 촉진을 점진적

으로 줄이는 것은 매우 중요하다. 만약 보조바퀴를 너무 빨리 떼어
낸다면 준비가 되어 있지 않아 쉽게 넘어지고 자전거 타기에 대해
나쁜 기억을 갖게 될 것이다. 마찬가지로 아이가 준비되기 전에 촉
진을 없애 버리면 가르칠 기반이 무너지고 말 것이다.

촉진을 더 천천히 점진적으로 줄여 나간다면 아이는 자신의 시
간과 속도로 새로운 환경에 적응하고 각 기술을 성공적인 수준으
로 숙달할 수 있을 것이다. 모든 ABA 개입 전략은 장기적으로 아이
들이 전반적인 목표를 스스로 달성하도록 하기 위해 필요할 때 일
시적인 도움을 주는 촉진과 용암법 모두를 계획에 포함해야 한다.

행동 계획

복합 행동을 잘 가르치기 위해서는 행동을 작은 단계들로 나눠
야 한다는 것을 배웠다. 그리고 각 단계를 가르칠 수 있는 다양한
전략에 대해서도 배웠다. 이제 목표가 되는 복합 행동을 아이에게
직접 가르칠 계획을 세워 볼 시간이다. 첫 번째 단계는 가르칠 행동
을 정하는 것이다. 행동은 그 자체로 어떤 전략을 사용하는 것이 가
장 좋을지 결정할 수 있도록 해 준다. 예를 들어, 행동이 특정한 순
서로 가르쳐야 할 작은 단계들로 이루어져 있다면―많은 행동이
그러하듯이―행동연쇄가 가장 좋은 방법이 될 것이다. 그러나 가
르치려는 행동이 도움 없이 걷기와 같은 작은 단계들로 분명하게
나누어지지 않는다면 행동형성 절차를 사용하는 것이 좋다.

손 씻는 방법을 가르친다고 한다면 정해진 순서대로 완수해야
하는 매우 많은 단계가 필요하다. 복합 행동을 가르치기 전에 정확

한 순서로 각 단계를 적어 놔야 한다. 처음의 몇 단계는 다음과 같을 것이다.

- 세면대로 간다.
- 물을 튼다.
- 물의 온도를 조절한다.
- 물에 손을 적신다.
- 비누를 한두 번 짜고 거품을 낸다.

어떤 방식의 행동연쇄를 사용할지 결정한다. 손 씻기에 대해서는 전체 과제 제시가 가장 좋은 선택일 수 있다. 아이가 복합 행동을 할 때마다 모든 각각의 단계를 연습해 볼 수 있기 때문이다. 또한 대부분의 아이와 어른은 손을 자주 씻기 때문에 손 씻기의 몇 가지 단계는 이미 아이의 기술 목록에 있을 수도 있다.

행동 계획의 마지막 단계는 최대-최소 촉진과 최소-최대 촉진 중 어떤 것이 더 효과적일지 결정하는 것이다. 가르치려는 기술이 새로운 것이라면 최대-최소 촉진이 좋다.

용암법의 시행: 발렌티나 이야기

나는 이제 막 1학년을 마친 여섯 살 된 발렌티나와 작업을 시작하였다. 그녀의 부모님은 발렌티나가 반 아이들 못지않게 읽고 쓸 수 있을 만큼 영리하다고 하였다. 그러나 그들은 딸이 1학년을 다시 다녀야 할까 봐 걱정하였다. 발렌티나의 선생님이 그녀의 쓰기

기술이 너무 형편없어서 진급을 시키고 싶어 하지 않았기 때문이다. 발렌티나의 선생님은 나에게 그녀가 숙제에 적은 이름도 읽기 어려울 만큼 쓰기기술이 엉망이라고 하였다. 사실 선생님은 '발렌티나의 숨겨진 메시지'를 해독하지 못해 그녀의 퀴즈나 과제물을 채점해 주지 못할 때가 있었다.

발렌티나의 부모님은 매일 쓰기 연습을 시키지만 성공적이지 않다고 하였다. 발렌티나를 유급시킬지, 아니면 친구들과 함께 진급을 시킬지 결정하기 전까지 단 두 달의 시간밖에 없었다. 나는 진한 펜으로 글자를 쓴 뒤 발렌티나가 이미 할 수 있는 덧쓰기로 용암법 프로토콜(이 경우에는 최대-최소 용암)을 시작하기로 하였다. 몇 번의 연습을 하면서 아이가 연필을 안정적으로 잡을 수 있고 문장을 알아볼 수 있게 쓸 수 있다는 것을 확인하였다.

발렌티나가 관심받는 것을 좋아했기 때문에 각 철자를 깔끔하게 덧쓸 때마다 사회적 칭찬을 해 주었다. 이 과정을 숙달한 뒤에는 글자를 검은색에서 회색으로 바꾸고, 그다음은 밝은 녹색, 밝은 주황색으로, 그리고 아주 밝은 노란색만 남을 때까지 색을 바꾸었다. 촉진을 서서히 줄여 나감에 따라 발렌티나의 쓰기는 계속 향상되었고 결국 처음보다 훨씬 잘 알아볼 수 있게 되었다. 노란색 촉진을 뺐을 때 그녀의 부모님은 딸의 글씨가 다시 엉망이 될까 봐 걱정하였다. 나는 촉진을 좀 더 천천히 줄여서 그들을 안심시켰다. 발렌티나의 쓰기는 더 향상되어 친구들과 함께 진급하게 되었다.

용암법의 마지막 과정은 전체 철자를 덧쓰는 대신 각 철자를 점으로 써서 그 점을 잇도록 하는 것이었다. 이 과정을 숙달한 다음, 나는 점이 두 개, 한 개 남도록, 그리고 없어질 때까지 한 번에 한 점씩 없앴다. 용암법의 각 단계에서 발렌티나는 촉진이 전혀 없어도 될 때까지 깔끔하고 알아볼 수 있게 썼다.

처음에 발렌티나는 매우 강력한 촉진의 형태가 많이 필요하였다. 그러나 함께한 시간이 끝났을 때는 부모님과 선생님이 깜짝 놀랄 만큼 이전보다 훨씬 분명하게 글씨를 쓸 수 있게 되었다. 시각적 촉진들을 천천히 줄여 나가는 것으로 발렌티나는 깔끔하고 주의 깊게 글씨 쓰는 법을 배웠고 2학년으로 잘 올라갈 수 있게 되었다.

측정하기

이제 가르칠 행동과 방법을 결정했으니 측정을 시작할 때이다. 다음에 나오는 예는 전체 과제를 측정하는 단계들이다. 과제의 특정 부분만 가르친다면 기록지에 그 부분들만 기록하면 된다.

1. 기록지 가장 윗부분에 행동을 적고 다음의 예처럼 그 행동을 수행하는 데 포함되는 모든 단계를 적는다.
2. "~(행동의 명칭) 어떻게 하는지 보여 줘."라고 말하며 복합 행동을 시작하도록 지시한다.
3. 각 단계에 대해서 아이가 그 단계를 스스로 수행할 수 있는지 여부에 따라 정반응(+) 또는 오반응(−)을 기록한다. 손 씻기를 예로 들면, 아이가 스스로 세면대에 다가가 물을 틀었을 때 이 두 단계에 대해서는 정반응(+)을 기록한다. 그러나 세 번째 단계에서 비누 사용을 상기시키기 위해 손으로 비누를 가리켜 주어야 했다면, 그 단계는 촉진이 필요했으므로 오반응

(−)으로 기록한다.

4. 행동목록들을 따라 내려가면서 정반응 또는 오반응 및 촉진이 필요하였는지 등을 기록해 나간다. 촉진 의존의 발생 가능성을 줄이기 위해서는 최소−최대 촉진을 사용한다. 예를 들어, 아이가 아직 물을 틀지 않았다면 즉각적으로 (신체적 촉진을 사용하여) 도와주어서는 안 된다. 대신 그 단계를 상기시킬 수 있을 정도의 촉진으로 세면대를 가리켜 주기만 한다. 신체적 촉진이 도움이 될 수 있지만, 최후의 수단으로 사용되어야 한다.

5. 아이가 각 단계를 완료할 때마다 자료를 수집해야 하는 것을 기억해야 한다. 전체 행동연쇄를 다 완료할 때까지 기다리면 정확한 기록을 하기 어려울 수 있다.

6. 자료를 계산하기 위해서는 정반응의 수를 전체 단계의 수로 나눈다. 예를 들어, 총 다섯 개의 단계가 있고 그중 네 개의 단계를 촉진 없이 정확하게 수행하였다면 수행률은 80(4÷5× 100)%이다.

7. 몇 퍼센트의 정반응(+)이 기술을 완전히 숙달했음을 뜻하는지, 아이가 독립적으로 그 행동을 할 수 있다고 할 수 있는지 결정한다(80% 이상이 되어야 함을 기억할 것). 하나의 복합 행동을 하기 위해서는 많은 단계의 행동을 함께 해야 하기 때문에 개별적인 각 단계를 비교적 충분히 숙달했는지가 중요하다.

이러한 단계들을 거치고 나면 기록지는 다음과 같을 것이다.

복합 행동 기록지 예시

• 목표행동: 손 씻기

날짜	완료할 단계	독립 수행(+ 또는 −)
	세면대로 가기	+
	물 틀기	+
8/20	물 온도 조절하기	−
	물에 손 적시기	+
	비누 한두 번 짜서 거품 내기	+

이 예시에서 처음 두 단계는 촉진 없이 할 수 있었으나 물의 온도를 조절하는 것은 촉진이 필요하였다. 나머지 단계는 독립적으로 수행하였다. 이 경우 수행률은 80%이다.

요점

• 복합 행동을 개별적으로 가르칠 수 있는 작은 단위로 나누고, 순행 연쇄, 역행 연쇄 또는 전체 과제 제시를 사용하여 행동의 각 단계를 가르친다.
• 아이가 이미 하고 있는 행동들을 수정해 가는 과정인 행동형성에는 차별강화가 작용한다.
• 촉진은 더 나은 행동 독립성을 달성하기 위하여 일시적으로 사용되는 전략이다. 일상생활에서 하는 대부분의 복합 행동을 촉진 없이, 궁극적으로 촉진을 완전히 없앤 상태로 할 수는 없었을 것이다.

- 아이가 촉진에 의존할 가능성을 줄이기 위해서는 촉진을 너무 빈번히, 개입을 많이 하는 방식으로 사용해서는 안 된다.

아이의 사회적 기술
의사소통, 협조하기, 그리고 기여하기

사회적 상호작용의 특별한 도전

자폐증을 가진 아이들의 가장 큰 특성은 사회적 상호작용을 형성하고 처리하는 것을 어려워한다는 것이다. 이러한 특성은 아이가 진단을 받았을 때 부모가 가장 염려하는 것이기도 하다. 부모는 아이가 친구를 만들지 못하거나 학교에 적응하지 못할까 봐 걱정하게 된다. 다행히 사회적 환경을 다루기 어렵게 만드는 근본적인 문제들을 확인할 수 있는 몇 가지 단계가 있다.

나는 아이의 사회적 기술을 향상시키고자 하는 부모들과 상담할 때 주로 성공적인 사회적 상호작용을 방해하는 특정한 목표들에 초점을 맞춘다. 예를 들어, 자폐증을 가진 많은 아이가 대화의 주제를 유지하지 못한다. 반면, 어떤 아이들은 질문을 주거니 받거니 하여 대화를 자연스럽게 흘러가도록 하는 것을 어려워하기도 한다. 아이가 구체적으로 어떤 기술이 부족하고 그것을 향상시키기 위해서 어떤 도움이 필요한지 확인해야 목표에 맞는 정확한 계획을 세울 수 있다. 강화는 여기에 적용되는 핵심적인 원칙이다. 당신이 제공하는 미소와 눈맞춤 같은 사회적 강화는 아이가 또래들과 있을 때 사회적으로 적절한 행동을 하면 받게 되는 유사한 형태의 강화들에 대한 모델이 될 수 있다.

당신이 청소년인 자녀에게 대화를 통해 다른 사람에 관한 정보를 공유하고 배우는 것을 가르친다고 해 보자. 또래들과 대화를 나누는 방법을 포함한 다양한 부분으로 행동을 나누는 행동연쇄를 사용할 수 있다. 대화하기의 각 단계를 확인한 후 아이와 연습하고, 각 단계를 정확히 수행하면 강화를 주고 수행하지 못하면 촉진을 준다. 이러한 연습은 아이가 완전히 숙달해서 일상 환경에서 또래들에게 사용할 수 있을 때까지 지속한다.

또 다른 아이들은 공간적인 인지력(사적 공간에 대한 감각[2])이 부족하여 또래들과 사회적으로 적절한 대화를 유지하지 못할 수도 있다. 아이가 적절한 사적 공간을 연습할 수 있도록 돕고, 적절한 반응은 강화해 주어 일상 환경에서 또래와 함께 있을 때도 유사한 행동을 할 가능성을 높여 줄 수 있다. 이러한 방식으로 사회적 기술을 사용하는 것과 같은 복잡한 행동의 발달에 ABA의 원칙들을 적용하는 법을 배울 수 있다.

다음의 두 절에서는 적절한 사회적 기술 발달에 중요한 유도,

---

2) 역주: 대화 시 상대방에게 너무 가까이 다가가지 않거나 혹은 너무 멀리 떨어져 있지 않는 것과 같이 적절한 거리를 유지하는 감각을 말한다.

일반화, 그리고 유연성에 대해서 논의할 것이다.

유도와 일반화의 문제

자폐증을 가진 아이들에게 복잡한 사회적 기술들을 가르치려고 할 때 겪게 되는 어려움 중 하나는 유도(induction)의 부족이다. 유도는 우리가 배운 어떤 행동을 이전에 겪어 보지 않은 다양한 상황에서도 적용하는 것이다. 자폐증을 가진 아이들은 일반적으로 매우 규칙에 민감하고 익숙한 상황들을 선호한다. 이러한 특성은 새롭고 낯선 상황에서 어떻게 반응해야 할지 모르게 만들기 때문에 유도가 일어나기 어렵다.

아이에게 인사하는 법을 가르칠 때는 자연스럽게 "안녕."이나 "안녕하세요."라고 말하는 것부터 가르친다. 대부분의 상황에서 이것은 문제가 되지 않는다. 그러나 누군가 아이에게 "어떻게 지내?"라고 물었는데 아이가 "안녕."이라고 반응했다면, 이것은 분명히 유도가 일어나지 않은 것이다. 아이의 행동목록에는 한 가지 인사법만 있는 것이다. 어떤 사람의 사회적 행동목록이 제한적이라면 사회적으로 적절한 방법으로 다른 사람들과 관계를 맺는 능력에 부정적인 영향을 미칠 수 있다. 유도는 아이가 이미 배운 시나리오에 근거해 유사하지만 새로운 시나리오 안에서도 정확하게 반응할 수 있도록 가르치는 데 매우 중요한 기술이다. 유도가 일어나게 하는 확실한 방법 중 한 가지는 아이에게 다양한 반응의 예를 가르치는 것이다. 예를 들어, 아이들은 "그냥 그래." 또는 "좋아, 너는?"과 같은 말로도 적절한 때에 반응할 수 있다.

다른 사람과 대화할 때 나타날 수 있는 또 다른 문제는 **자극 일반화**

(stimulus generalization)의 부족이다. **자극 일반화**는 새로운 환경과 새로운 사람들에 대해서도 친숙한 사람이나 친숙한 환경에서와 같은 방식으로 반응하는 것이다. 자폐증을 가진 아이들은 종종 새로운 환경에서도 해야 할 반응이 똑같음에도 불구하고, 많은 상황과 사람에게 일반화된 반응을 보이는 것을 어려워한다. 아이가 가족과 대화할 수 있는 기술은 습득했지만 놀이터에 있는 또래들과는 대화하지 못한다고 해 보자. 이는 행동목록 안에 기술이 있음에도 불구하고 새로운 시나리오에서는 사용하지 못하는 것이므로 환경과 사람에 따른 일반화가 이루어지지 않은 것이다.

아이가 집에서 거스름돈을 계산하는 법을 배웠지만 가게에서 물건을 살 때는 계산을 하지 못한다고 해 보자. 거스름돈을 계산하는 기술은 일반화되지 않았기 때문에 다양한 장소에서 이 기술을 가르치고 싶을 것이다. 이와 같이 사회적 기술을 가르치는 것은 많은 환경과 사람에 따라 연습해야 하고, 뿐만 아니라 다양한 시나리오에 대한 다양한 반응도 가르쳐야 한다. 유도와 일반화 모두를 달성하는 것은 아이가 더 자연스러운 사회적 상호작용을 할 수 있도록 한다.

유연성이 중요하다

유연성은 아이의 사회적 기술 목록에서 매우 중요한 구성요소이다. 여기서 **유연성**(flexibility)은 대화 상황이나 일상 내에서 '흘러가는 대로 가는(go with the flow)' 능력을 말한다. 아이들이 삶의 다양한 영역에서 유연하게 행동하도록 하기 위해서는 아이의 능력에 주의를 기울이는 것이 중요하다. 아이가 일과, 대화 주제, 생각 또는 행동, 규칙 등에 대해 유연하지 못한 것을 알고 있다면, 이것은 분명 관심을 가져야 할 영역이다.

유연성의 부족은 다양한 형태로 나타날 수 있고, 사람마다 다르게 보일 수 있다. 아이들이 경직된 행동을 하는 영역도 아주 다양하게 나타난다. 그러나 유연성 부족은 어떤 형태로 나타나든지 간에 아이의 성공적인 사회화를 방해할 가능성이 높다. 경직된 행동이 **대체로** 유연성 부족에 따른 것임을 이해한다면 성취가 불가능한 다른 특성보다도 유연성이 사회적 성공을 위한 해결책임을 알게 될 것이다.

아이에게 유연성을 가르치는 것이 처음에는 어려울 수 있으나 점진적으로 개입할 수 있다. 이것은 학교를 오고 가는 길을 다르게 하고 그것이 어렵다면 효과적인 전환 및 대처 기술을 사용하도록 돕는 것을 의미할 수 있다. 유연성 연습은 새로운 식당에 가거나 새로운 음식을 맛보게 하는 것 또는 새로운 활동을 하게 하거나 저녁 식사 시간에 아이를 다른 자리에 앉히는 것 등으로도 할 수 있다.

어떤 측면은 소거하고 다른 측면은 강화하는 식으로 유연한 행동과 경직된 행동을 차별적으로 강화한다면 유연성의 범위를 늘림과 동시에 경직된 행동의 빈도를 감소시킬 수 있다. 방법과 상관없이 경직성의 순환고리를 끊으려는 마음가짐과 노력이 있다면 분명 성공할 것이다.

아이가 말했다: 대화기술 가르치기

사회적 상호작용은 복합적이기 때문에 아이에게 대화기술을 가르치는 것은 어렵다. 복잡함의 문제는 대화기술과 관습이 문화, 지역, 가족, 연령, 그리고 때로는 성별에 걸쳐서까지 다양하다는 것이다. 개인에게 필요한 것은 개개인마다 다르다. 자폐증을 가진 아이들이 대화기술로 인해 일반적으로 겪게 되는 문제들이 있다. 만나는 사람과 상관없이 특정 주제들을 고집하기, 지속적으로 다른 사람들을 방해하기, 너무 크거나 빠르게 말하기, 눈맞춤의 실패, 그리고 한 번에 너무 많은 문자 메시지를 보내기 등이 포함된다. 주변 사람들을 자기 마음대로 하려는 경향을 보이기도 한다. 당신은 또래 및 잠재적인 친구와 언어적으로 관계를 맺는 데 필요한 아이들의 능력과 관련된 이러한 많은 이슈를 고려해야 한다.

아이의 대화기술을 향상시키기 위한 계획을 세우는 첫 번째 단계는 목표행동을 결정하는 것이다. 일반적인 문제들에 대해 좀 더 들여다보도록 하자.

문자를 적절하게 사용하는 것은 특히 십 대 아이들에게 중요한 문제이다. 나는 자폐증이 있는 많은 청소년이 문자 메시지를 통해 대화하는 것을 어려워한다는 사실을 알게 되었다. 그들은 한 번에 너무 많은 문자 메시지를 보내거나 문자화된 관용구 또는 비꼬는 말들을 이해하기 어려워하기도 한다. 또는 전형적인 문자 속어를 너무 많이 사용하기도 한다. 이 문제를 해결하는 한 가지 방법은 회신이 없을 때 연달아 두 개의 메시지만 보내는 규칙을 정하는 것이다. 또한 이해할 수 없는 문자를 받았을 경우에는 반드시 대화에 적절한 반응인지 부모 또는 양육자에게 확인을 받은 후 회신하도록 한다.

어떤 아이들은 또래의 인사에 반응하지 않고, 흥미가 없거나 상호작용하고 싶지 않은 사람에게는 친근한 눈맞춤을 하지 않기도 한다. 인사하기 또는 눈맞춤을 가르칠 때 가장 많이 사용하는 개입은 선호하는 자극과 연합시키는 것이다. 아이가 슬라임을 좋아한다고 해 보자. 처음 이틀 동안은 아이가 인사할 때마다 인사를 받은 사람이 아이에게 소량의 슬라임을 준다(이 경우에 아이의 인사를 받는 사람은 이 개입을 사용한다는 사실을 알고 있는 사람이어야 한다). 아주 좋아하는 강화제—슬라임 또는 아이가 좋아하는 다른 것들—를 사용했기 때문에 아이가 개입에 기꺼이 참여하게 되고 대화기술도 쉽게 향상될 수 있다.

만약 아이가 너무 크거나 작게 말한다면, 또는 다른 사람을 마음대로 하려고 한다면 또래들은 너무 힘들어서 대화하려고 하지 않을 것이다. 아이가 공감과 사회정서적인 상호작용을 잘 이해하고 있다면 다른 사람을 통제하려는 행동이나 목소리의 음량과 톤이 듣는 사람에게 어떻게 부정적인 영향을 미치는지 설명해 줄 수 있고 그런 부분을 함께 다루어 갈 수 있다.

당신은 아이에 대한 전문가이므로 아이가 가진 대화기술의 강점과 문제점을 가장 가까이에서 분석해 볼 기회가 많다. 아이의 삶에 부정적인 영향을 미치고 당신이 주의 깊게 봐야 할 대화기술들을 분명히 밝혀냈을 때 필요에 가장 잘 맞는 행동 계획을 짤 수 있게 된다.

주고받기: 상호성 가르치기

자폐증 진단에서 가장 일반적인 진단기준 중 한 가지는 사회정서적 상호성이 부족하거나 손상된 것이다. **사회정서적 상호성**(socioemotional reciprocity)은 대화를 주고받는 것과 같은 '일반적인' 사회적 상호작용의 어려움, 공통의 관심사를 공유하고 감정 및 정서를 표현하는 능력(즉, 상황에 적절한 느낌을 표현하는 능력), 또는 또래와 독립적으로 상호작용을 시작하는 능력의 손상 등으로 쉽게 확인할 수 있다.

아이가 자연스럽고 사회적으로 적절한 방법으로 상호성을 표현하는 방법을 배우는 것을 어려워하기 때문에 이러한 부족한 점들을 다루는 것은 매우 힘들 수 있다. 예를 들어, 아이가 자신에 관한 정보만 말하고 또래에게는 질문을 하지 않는다면 아이는 상호적인 대화를 나누기 어려운 것일 수 있다. 아이의 일방향 대화 습관이 또래에게 관심이 없다는 것을 의미하는 것은 아닐지도 모른다. 그러나 또래들은 아이의 상호성 부족을 자신들과 사회적 관계를 맺는 것에 흥미가 없는 것으로 받아들이기 쉽다. 그렇기 때문에 아이의 사회정서적 상호성을 향상시키기 위해 최선을 다하는 것이 매우 중요하다.

나는 이것을 향상시키기 위해서 상호적인 질문을 효과적으로 연습할 수 있는 구체적인 프로그램을 만들었다. 우선 기분이 어떤지 질문하는 것으로 시작하여 정반응을 할 때까지 기다려 준다. 이 경우, 정반응은 질문에 먼저 대답하고 같은 질문을 나에게 하는 것이다. 예를 들어 보자.

치료사: 제일 좋아하는 음식이 뭐야?

아이: 피자요, 제일 좋아하는 음식이 뭐예요?

치료사: 물어봐 줘서 고마워! (여기서는 사회적 칭찬을 강화로 제공한다.) 나도 피자.

아이가 상호적으로 질문하는 것을 어려워한다면, 개인정보 프로그램을 먼저 사용하는 것이 좋다. 이것은 아이에 관해 간단히 질문하는 것이다(예: 이름, 좋아하는 영화, 주소, 전화번호 등).

개인정보 프로그램은 주소와 전화번호 같은 신상에 관한 중요한 정보를 가르칠 뿐만 아니라 자신의 선호를 확인하도록 하기 위해 사용될 수도 있다. 또래와 대화를 시작하고 관심사가 비슷한 또래들과 자신에 관한 정보를 공유할 기회를 갖기 위해 선호를 사용할수 있다. 상호적인 대화를 하는 능력을 통해 아이들은 다른 사람들과 관계를 맺고 유지할 수 있다.

상호성을 가르치는 것은 다른 사람들이 이야기할 때 조용히 하기, 적절한 상황에서 특정한 주제로 대화를 유지하기, 대화를 적절하게 맺기 등을 가르치는 것도 포함된다. 이러한 기술들을 배우기 위해서는 연습이 최선이다. 상호성의 목표는 보통 동년배와 관계를 맺는 것이기 때문에 다른 연령의 친구들을 대상으로 이 기술들을 일반화하기 전에 연령이 같은 아이들과 새로운 기술을 연습하는 것이 도움이 된다.

가장 중요하게 기억해야 할 것은 다른 사람의 정보를 알아내거나 공통의 관심사를 찾아내기 전에 아이가 자기 자신과 자신의 관심사에 대해 알고 있어야 한다는 것이다.

조망 수용: 공감 가르치기

아이들에게 가르쳐야 할 또 다른 중요한 기술은 공감이다. 공감(empathy)은 타인에 대해 이해하고 반응하고 느낌을 나누는 능력이다. 흔히 자폐증을 가진 사람들은 공감을 하지 못하는 것으로 여겨지지만 그것은 전혀 사실이 아니다. 자폐증을 가진 사람들이 어려워하는 것은 그들이 느낀 공감을 **표현하는** 것이다. 사람이 공감적인 행동을 하기 위해서는 갖춰야 할 선행기술이 많다. 뉘앙스를 표현하는 법을 배우기 위해서는 더 오랜 시간이 걸리는데, 사실 이것은 자폐증이 없는 사람도 못하는 경우가 있다!

기본적으로 공감을 경험하고 표현하기 위해서는 다른 사람의 관점을 이해하는 능력이 필요하다. 타인의 표정 읽기, 비언어적 의사표현과 몸짓 언어 해석하기, 복잡한 감정 이해하기 등을 통해 타인의 느낌을 인식할 수 없으면 공감적인 행동은 할 수 없다. 이러한 것들을 이해할 수 있으면 다른 사람들의 감정적인 경험이 자신의 경험과 다를 때조차도 더 잘 이해할 수 있게 된다.

사회적으로 알려진 많은 공감 표현방법이 있고 그것들은 훈련시킬 수 있다. 나는 또래 및 어른들에게 공감을 표현하는 것을 어려워하던 한 아이를 만난 적이 있다. 우리는 사람들의 얼굴 사진을 가지고 감정에 이름을 붙이는 작업부터 시작하였다. 그 아이가 독립적으로 구분할 수 있는 감정은 행복함밖에 없었다. 이 목표행동을 달성한 다음에는 왜 그런 느낌을 갖게 되었는지 논리적인 이유를 말해 보도록 하는 것뿐만 아니라 사람들을 개인적으로 지지하기 위해 할 수 있는 말이나 행동이 무엇인지 함께 나누는 것으로 학습을 확장하였다.

그다음 우리는 아이의 학교에서 또래들과, 가정에서 형제자매와, 그리고 센터에서 마주치는 아이들과의 사이에서 발생할 수 있는 실제 생활의 시나리오를 바탕으로 앞서 제시한 세 가지 질문에 대답하는 것을 연습하여 일반화 훈련을 시도하였다. 얼굴 표정을

통해 감정을 명명하고 그 상황에서 아이의 역할을 정확히 정하도
록 돕자, 아이는 또래 및 어른들에게 공감을 표현할 수 있었다. 사
실 이 장을 쓰기 일주일 전에 나는 벽에 팔꿈치를 부딪히고 "아!" 하
고 소리쳤다. 나는 아이가 방 건너편에서 "괜찮으세요?"라고 소리
치는 것을 들었다. 얼굴 표정을 보지 않은 채 다른 사람의 소리를
해석하는 것을 가르치지 않았지만 우리의 초기 개입을 넘어선 공
감 능력이 분명히 발휘된 것이다.

기본적인 공감을 훈련하는 것의 또 다른 이점은 아이의 주변을
더욱 안전하게 하는 것이다. 상상해 보자. 아이가 공감을 표현할
수 있으면 아이는 다른 사람들이 문제행동을 하지 말라고 할 때 멈
출 수 있다. 이것의 한 예로 친구들에게 장난을 치는 십 대 아이가
있다고 하자. 그 아이가 만약 다른 사람의 표정이나 몸짓 언어를 보
고 자신의 장난이 그들을 불편하게 한다는 것을 이해할 수 있다면
그 행동을 멈출 수 있다.

공감은 모든 사람의 삶에서 강력한 기술이다. 그것은 타인과의
연결을 위한 우리의 필요와 욕구를 전달할 수 있도록 도와준다. 독
립적으로 공감을 표현하기 어려워하는 아이에게 그것을 가르침으
로써 인간관계의 기회에 대한 새로운 세상을 열어 주는 것이다.

행동 계획

이 행동 계획의 목적은 다른 것들과 달리 당신이 아이의 개인적
인 사회적 욕구를 분석하고 이전 장들에서 배운 ABA 원리들을 사
회적 기술 발달을 지원하는 데 사용하도록 하는 것이다.

사회적 기술을 가르치는 첫 번째 단계는 아이의 사회적 문제를 야기하는 근본적인 이유를 확인하는 것이다. 다시 말해, 사회적 관계를 만들고 유지하는 아이의 능력을 방해하는 행동들의 목록을 만드는 것부터 시작한다. 아이에게 필요한 구체적인 기술이나 행동을 정확히 찾아내지 못한다면 일반적인 연령에 기초한 다양한 사회적 기술의 범주에 관해 너무 많은 정보를 온라인에서 얻게 될 것이다.

청소년의 조망 수용(perspective taking)을 예로 들어 보자. 조망 수용은 그것 자체가 복잡한 행동이기도 하지만 그 안에도 그것을 효과적으로 습득하기 위해 배워야 할 많은 복잡한 기술이 들어 있다. 예를 들어, 몸짓 언어와 감정 인식하기, 타인의 행동이 선의인지 악의인지 이해하기, 거절의 표현으로 적절한 말 사용하기, 타인과의 유사점과 차이점 수용하고 견디기, 다른 사람의 표현에 공감하여 상호적인 대화하기 등이 있다. 어린 아이의 조망 수용은 다른 사람의 신체적인 특징을 묘사하는 능력, 타인의 공간을 이해하고 존중하기, 감정을 명명하기 위해 사회적 단서를 사용하기, 공동체에 도움을 주는 다양한 사람의 기능을 구분하기, 자신의 선호를 명명하기 등에 초점을 맞출 수 있다. 이것은 아이의 연령, 발달적 능력, 그리고 현재 사회적 기술 목록에 따라 다를 수 있다.

아이와 청소년의 가장 일반적인 사회적 기술의 목표는 적절한 대화기술을 사용하여 정보를 교환하고, 또래관계를 적절하게 맺고 유지하는 것, 그리고 (협동하기와 같은) 상호적인 행동을 하는 것이다.

달성하고자 하는 목표들의 목록을 정했다면 그것들을 가장 단순한 것에서 가장 복잡한 것의 순서로 정리한다. 우선 가르쳐야 할 기초기술들을 확인한 다음에는 유도, 일반화, 강화, 그리고 용암법 등에 대한 계획을 행동 계획에 포함해야 한다. 다양한 환경과 사람을

대상으로 유사한 시나리오에 반응하는 여러 가지 방법을 가르쳐서
유도와 일반화가 나타날 가능성을 높일 수 있다. 긍정적인 사회적
상호작용이 나타날 가능성을 높이기 위해서는 다양한 환경에서 다
양한 사람이 각각의 반응에 대한 강화를 주어야만 한다. 이러한 전
략은 목표가 되는 사회적 기술, 요구되는 반응이나 장소와 상관없
이 이루어질 수 있다.

사회적 기술의 중요성: 제이든 이야기

　제이든은 1년 전 자폐증 진단을 받은 열일곱 살 소년이었다. 그
는 친구를 만들고 관계를 유지하는 것을 어려워하였고 대학교에
가기 전에 사회적 기술을 배우고 싶다고 하였다. 나의 목표는 어떤
사회적 행동이 그를 움츠러들게 하는지 확인하고 현재 그가 가진
강점을 칭찬하는 것에 초점을 맞춘 뒤 숙제를 내주어 또래나 관심
있는 이성과 사회적 상호작용을 할 때 더 준비된 느낌이 들도록 돕
는 것이었다.

　다양한 장소에서 제이든을 관찰한 후, 나는 다음과 같이 추론하
였다. 그는 자신의 이야기만 하기 때문에 다른 사람과 관계를 맺기
어려웠다. 또한 개인적인 공간을 이해하기 어려워 대화하는 사람
과 너무 가까이 또는 너무 멀리 서 있었다. 그리고 제이든은 사적
인 정보를 너무 많이, 너무 빨리 쏟아내서 종종 다른 사람들을 불
편하게 했고 대화를 갑자기 끝냈다.

　나의 첫 번째 목표는 제이든이 상호적인 대화를 할 수 있도록 하
는 것이었다. 나는 내가 관찰한 내용을 제이든과 공유하고 목표에
대해 알려 주어 둘이 함께 성공을 향해 적극적으로 나아갈 수 있도

록 하였다. 우선 내가 자연스럽게 대답할 수 있는 질문들의 예를 그에게 주고 적절하게 상호적으로 대화하는 것이 무엇인지 보여 주는 것부터 시작하였다. 제이든은 간단한 몇 가지 질문을 함으로써 얼마나 많은 정보를 얻게 되는지 알게 되었다.

그가 나의 대답을 듣고 있는지 확인하기 위하여 나에 대해 이야기해 준 것들을 요약하게 하였다. 제이든이 질문에 맞는 답을 하면 사회적 칭찬으로 강화해 주었다. 그러나 답이 틀리면 "다시 해 봐." 라며 가벼운 언어적 꾸중을 하고 필요한 경우 추가적인 촉진을 주었다.

제이든이 적절한 양방향 대화를 할 수 있게 된 다음에는 그가 자신에 대해 이야기하는 정보의 양에 초점을 맞추었다. 제이든은 여전히 나의 비언어적 표현을 해석하는 데 어려움을 느꼈기 때문에 그가 너무 많은 정보를 공유하면 못마땅한 표정을 짓는 대신 부저를 사용하였다. 일주일이 지난 뒤 그는 새로운 목표를 달성할 수 있었고 상호적인 대화를 하는 것과 적절한 대화의 경계를 유지하는 것 모두를 할 수 있게 되었다.

우리가 해결할 다음 영역은 사적 공간에 대한 감각 또는 그것의 부족이었다. 제이든이 수학을 매우 잘해서 나는 그에게 친구들과 말할 때 평균적인 공간으로 2피트(약 60cm) 거리를 유지하라고 말해 주었다. 처음에는 제이든이 팔을 들고 몇 번 연습하였다. 그 뒤로는 다양한 장소에서 촉진을 줄여 가기 시작했고, 이후에는 적절한 거리를 유지할 수 있었다. 제이든이 대학을 가게 되어 함께한 시간이 매우 짧았지만 그의 이야기는 내가 좋아하는 성공 사례 중 하나이다. 성공적인 삶을 살기 위해 매우 중요한 미묘하고 복잡한 행동들에 ABA 절차를 적용해 볼 수 있는 기회를 주었기 때문이다.

측정하기

이 장의 행동 계획은 다른 장들의 것과 다르기 때문에 앞선 장들보다 자료 수집이 좀 더 복잡하다. 특정한 사회적 목표를 달성하기 위해 모든 시간 개입할 수 없고 그것은 소모적인 일이다. 그러나 또 한편으로는 모든 목표가 숙달되어 서로 축적되고 있는지는 확인하고 싶기 때문에 사회적 기술의 숙달 기준을 정하는 것이 더 복잡하다.

1. 목표가 되는 사회적 기술들의 우선순위를 정한 뒤(예: 아이가 다른 사람의 표정을 보고 감정을 파악하는 것에 어려움을 느낀다면 그것이 다른 사람의 정서에 반응하는 것보다 더 우선된다), 가장 먼저 목표가 될 행동들을 선택하고 다음 페이지에 나오는 것과 같은 기록지를 만든다.
2. 유도, 일반화, 강화, 용암법 등의 전략을 포함시키는 것을 기억하고 행동 계획을 시작한다. 아이가 목표행동과 관련하여 다른 사람과 상호작용하는지 관찰한다.
3. 아이가 환경 및 사람들에 걸쳐서 일반화된 사회적 기술을 사용하는지 확실하게 확인하고 싶기 때문에 정반응(+)과 오반응(-)으로 점수를 매기는 것이 어려울 수도 있다. 아이가 정해진 행동을 성공적으로 수행하는지 확인하기 위해서는 최대한 다양한 사람과 있는 여러 상황 내에서 살펴보도록 최선을 다해야 한다.

다양한 사회적 기술의 목표에 대한 자료 수집을 어떻게 해야 하는지는 다음 기록지 예시를 보면 더 잘 이해할 수 있을 것이다.

사회적 기술 기록지 예시

사회적 기술 목표	목표 장소	인원수	독립적인 수행 (+ 또는 −)
또래와 정보 공유하기	학교, 집	2	+
또래와 정보 공유하기	집, 공원	3	+
대화 유지하기	학교, 집	2	+
대화 유지하기	집, 공원	3	+
친사회적인 말 하기	공원, 마트	2	+

이 예시에서 아이는 세 가지의 사회적 기술 목표를 갖고 있고 모두 촉진 없이 이루어졌다. 첫 번째 열은 해야 할 구체적인 행동을 보여 준다. 두 번째 열에는 아이가 그 행동을 할 기회가 있는 장소를 적는다. 세 번째 열은 함께 있는 사람의 수를 보여 주는데, 목표가 다양한 상황에서 정말로 숙달되어 나타나고 있는지를 알려 주므로, 일반화를 이루는 데 중요한 부분이다. 마지막 열은 이 아이가 각각의 경우에 과제를 성공적으로 수행해 가고 있는지를 보여 준다.

요점

• 사회적 기술을 습득하는 것은 자폐증을 가진 아이들에게 특히 어려운 도전일 수 있다.

- 유도는 유사한 상황에서 다르게, 그러나 적절하게 반응하는 능력을 말한다.
- 일반화는 다른 환경과 다른 사람들에 걸쳐서 같은 방식으로 반응하는 능력을 말한다.
- 유도와 일반화는 여러 환경과 사람에 걸쳐 기술을 연습하는 것뿐 아니라 유사한 시나리오에 대해 다양한 반응을 알려 주는 것으로도 향상시킬 수 있다.
- 아이가 사회적으로 행동하지 못하게 하는 대화기술과 경직된 영역을 파악함으로써 원하는 결과를 만들어 낼 행동 계획을 세울 수 있다.

'한 명의 아이를 키우려면 온 마을이 나서야 한다'
교사, 훈련자, 그리고 다른 양육자와의 협력

가정에서의 훈련 강화하기

아이가 학교나 치료실 등에서 서비스를 받고 있다면 당신이 집에서도 똑같이 유지해야 한다는 말을 자주 들을 것이다. 왜 이것이 중요한지 잠시 이야기해 보자. 아이에게 서비스를 제공하는 훈련자나 건강 전문가는 아이와 매우 짧은 시간만 함께할 수 있다. 일주일에 30분 정도일 수도 있는데, 이 시간은 일주일이라는 시간의 1%도 안 되는 시간이다. 의미 있는 학습이 이루어지기 위해서는 아이가 그 기술을 일상적으로 연습할 수 있고 그것이 아이의 일상 과제의 규칙적인 한 부분이 될 수 있도록 하는 것이 중요하다. 게다가 당신은 아이가 다양한 환경 및 사람에 걸쳐 기술을 유지하고 일반화시켜서 훈련한 것을 최대한 활용할 수 있기를 바란다.

나는 아이들이 행동치료사와 함께할 때 엄청난 진전을 보여 주었음에도 불구하고 가정에서는 부모들이 그러한 성취를 얻지 못하는 것을 보아 왔다. 한번은 말을 하지만 물건이나 활동 요구하기는 거의 하지 않는 여섯 살 아이를 치료한 적이 있다. 우리 치료팀은 그 아이가 원하는 것을 요구하는 횟수를 증가시키는 작업을 하였다. 곧 그 아이는 보이는 모든 것을 요구하게 되었고, 우리는 아이의 새로운 행동을 가능한 한 지속적으로 강화하도록 노력하였다.

그러나 추후 미팅에서 아이의 부모는 아이가 집에서는 여전히 음성적인 요구하기를 하지 않는다고 하였다. 우리는 부모가 아이가 요구하지 않아도 원하는 게임과 활동을 할 수 있도록 하고 있었다는 것을 알게 되었다. 그렇게 하는 것이 부모에게는 더 쉬운 일이었기 때문이다. 이러한 일관성의 부족은 아이를 혼란스럽게 할 뿐만 아니라 새로 개발한 기술을 다른 환경에서 연습할 수 있도록 하기 위한 우리의 노력도 제한하는 것이었다. 또한 우리의 요구와 부모의 요구가 다르기 때문에 아이의 부적응적인 행동이 증가할 수도 있다. 사람들은 항상 강화를 얻기 위해 행동하고 아이들도 다르지 않다. 부모가 적절한 요구하기를 하도록 하지 않았기 때문에 아이는 요구하기 행동을 하지 않았다. 그러나 치료사에게는 원하는 것을 요구하였다. 그것이 우리가 강화한 행동이었기 때문이다.

건강 전문가 및 다른 훈련자들이 아이의 성장을 돕는 일을 한다면 당신은 아이가 그 새로운 기술들을 실제로 활용하고 연습할 수 있는 기회를 주어 변화를 일으켜야 한다.

전문적인 훈련자 및 양육자와의 작업

당신과 아이들이 각기 다른 분야에서 다양한 전문가와 만날 때 그들이 중요하게 생각하는 목표나 기술이 각각 다른 것을 경험할 것이다. 언어치료사가 어떤 기술을 연습하라고 했는데 작업치료사나 교사는 다른 기술을 더 강조할 수 있다. 때로 이런 상황은 당신을 당황하게 만드는데, 특히 서로 다른 분야의 전문가들에게 서비스를 받고 있다면 더 그렇다. 그러나 아이의 성취를 위해서는 당신의 지지와 노력이 매우 중요하다는 것을 기억해야 한다.

당신은 주 양육자로서 아이의 성장에 필수적인 역할을 한다. 그리고 이제 이 책을 통해 기술과 전략들을 습득했으므로 다른 사람은 하지 못하는 지도와 지원을 할 수 있는 도구도 얻게 되었다. 실제로 다른 훈련자나 양육자들에게 새로운 기술을 가르치고 행동을 강화하는 몇 가지 전략을 보여 주는 위치에 있을지도 모른다.

각각의 치료가 끝나면 치료사에게 아이가 어떻게 했는지, 어떤 기술을 배웠는지, 그리고 가정에서 보충해 주기 위해서 중점을 두어야 할 목표가 무엇인지 물어보아야 한다. 각 영역에서 향상을 보이고 있는지 확인하기 위하여 자료를 수집하고 진전도 차트를 만들고 싶을 수도 있다. 많은 훈련자는 양육자 훈련 목표를 훈련 계획에 포함하는데, 특히 부모와 양육자를 교육하고 가정 훈련을 위한 도구들을 제공하는 것을 목표로 한다.

아이가 다양한 전문가를 만난다면 그들이 정기적으로 협력하고 소통할 수 있도록 해야 한다. 처음에는 노력이 필요하겠지만 충분히 가치 있는 노력일 것이다. 예를 들어, 아이가 학교와 방과 후 수업에서 모두 언어치료를 받고 있다면 공통적인 목표를 세우고 일관성을 유지하기 위해 서로 의사소통할 수 있어야 한다. 전문가들은 협력을 통해 또 다른 강점과 임상적인 전문성을 극대화하는 능력을 얻게 될 것이고, 그 능력은 아이의 잠재력을 올려 주는 데 사용될 것이다.

당신이 직업 훈련과 같은 특정 영역의 전문가는 아니지만, 전문가들 간의 연결자 역할을 할 권리가 있고 치료과정 동안 아이를 지지하고 지원할 수 있다. 요컨대, 당신이 가정에서 적극적으로 아이의 훈련을 강화하지 않거나 훈련자들과 동일하게 하지 않으면 치료는 제대로 진행되지 않을 것이고, 심지어 아이의 진전이 후퇴할 수도 있다. 당신은 항상 아이의 성장과정에서 중요한 부분이 될 것이다. 당신은 아이가 받는 모든 지지적인 서비스의 중심이다. 당신이 아이에게 서비스를 제공하는 전문가들과 함께하고 일상적인 환경 안에서의 모든 학습 기회를 활용할 때 아이가 새로운 기술을 배우고 유지하는 비율이 기하급수적으로 증가할 것이다.

교사 가르치기: ABA 기술 공유하기

아이와 만나는 전문가들 중 교사는 새로운 정보와 전략을 배우는 데 일반적으로 가장 수용적이다. 당신이 해야 할 일은 이 책에 소개된 기술들이 학생의 행동을 관리하고 효과적으로 가르치는 교사의 능력을 어떻게 향상시키는지 강조하는 것이다.

교사들은 긍정적인 학습 환경을 조성하고 학생들이 성취할 수 있도록 도우려고 노력하지만 각각의 학생에게 일관되고 지속적인 관심을 주는 데는 한계가 있다. 교사의 우선순위는 학급 관리이다.

효과적으로 수업을 진행하고 가르치는 능력은 **모든** 학생이 공부하기 좋은 환경을 어느 정도로 유지할 수 있는지에 달려 있다. 이러한 점을 감안하면 아이의 교사에게 복잡하지 않고 교실 일과에 통합하는 데 시간이 소요되지 않는 아이디어를 제안하는 것이 이상적이다.

아이가 방해행동을 하는 대신 적절하게 타인의 관심을 끌고 자신의 차례를 기다리는 것에 대해 가정에서 토큰을 주기로 했다고 해 보자. 목표행동 여부에 따라 토큰은 보상물로 교환할 수 있다. 적절하게 관심을 끌고 차례를 기다리는 것이 교실에서도 중요한 문제라고 한다면 교사도 이 전략을 사용하는 것이 이상적일 것이다. 그 결과는 아이의 교사에게도 유익하고 교실 내에서 그러한 행동을 더 잘 다룰 수 있도록 할 것이다. 당신이 교사에게 토큰을 주어 학교에 있는 동안 아이의 적절한 행동을 강화하는 데 사용하게 할 수도 있다. 교사가 동일하게 관여할 목표를 선택하고 교실에서 사용할 간단한 체계를 마련함으로써 아이에게 바람직한 기술들을 습득할 기회를 더 많이 제공하고 교실에서 보이는 부적응적인 행동을 감소시킬 수 있다.

만약 교사가 자신이 관여하는 것에 대해 회의적이거나 당신이 제안한 전략의 이점을 알지 못한다면, 당신이 개입을 한 이후로 아이의 문제행동이 얼마나 감소하였는지 또는 긍정적인 행동이 얼마나 증가하였는지에 대해 알려 주는 것이 도움이 될 수 있다. 교사들은 보통 ABA 기술과 전략들에 익숙하지 않기 때문에 새로운 것을 시도하는 것이 두렵거나 내키지 않을 수 있다. 특히 사용해 오던 방식이 편하다면 더욱 그럴 것이다. ABA는 당신에게도 새롭기 때문에 교사들이 새로운 것을 시도하는 데 대한 느낌이 어떤지 알 수 있을 것이다. 성공 경험을 교사와 터놓고 이야기하되, 결국은 교사들을 위한 이야기가 되어야 한다는 것을 기억해야 한다.

부모들과 교사들이 아이의 이득을 위해 강하고 긍정적인 관계를 형성하고 유지하는 것이 중요하다. 이러한 관계는 의사소통을 더 잘할 수 있게 하고, 개입의 일관성을 유지하게 하며, 목표가 되는 행동을 더 잘 향상시킬 수 있게 한다. 당신은 이제 훈련에 대해 잘 알고 있고 교사가 어떤 질문을 해도 지원과 가이드를 해 줄 수 있다. 간결하고 유익한 팁을 주고, 지지적인 대화를 나눌 여지를 줌으로써 아이의 교사가 가정에서 사용한 기술을 배우고 교실 상황에 적용할 동기를 높여 줄 수 있다.

아이 옹호하기

이상적인 상황에서 부모와 훈련자는 아이의 이익을 위해 협력한다. 불행하게도 아이의 진전을 극대화하는 데 필요한 적절한 자원이나 관심을 얻지 못할 때가 있을 수 있다. 이러한 상황에서 아이에게 필요한 것을 지키는 것은 당신의 몫이다. 다른 무엇보다도 당신은 부모로서 모든 힘을 갖고 있고 근본적으로 아이에게 최고의 옹호자(advocates)라는 사실을 기억해야 한다. 아이의 권리를 지키기 위해 싸우는 것이 두려울 수도 있다. 하지만 당신의 열정과 헌신이 있다면 아이에게 가장 필요한 것이 무엇인지 항상 파악하고 그것을 얻기 위해 싸울 수 있다. 이전에 강조했던 바와 같이, 아이는 그 누구보다도 중요하고 당신은 아이에게 가장 적합한 교육적인 결정을 내릴 힘이 있다.

효과적인 변호를 위한 첫 번째 단계는 많이 아는 것이다. 아이의 권리와 부모로서의 권리를 확실히 알아야 한다. 부모는 아이의 과거 및 현재의 모든 평가 결과지 사본을 갖고 있어야 하고, 아이가 참여하는 프로그램 및 아이의 요구에 부합하는 현재의 모든 편의 사항에 대해 완전히 이해하고 있어야 한다. 필요하다고 생각되면 언제든 추가적인 평가나 설명을 요청해야 한다. 어리석은 질문이라는 것은 없다. 질문은 언제나 당신의 이해와 전문 지식을 높여 주기 때문에 질문하는 것을 두려워하지 않아야 한다.

아이의 교사 및 훈련자들과 관계를 맺어 계획을 세우고 준비해야 한다. 그리고 지역 내 학교의 특수교육 프로그램이 어떻게 관리되는지 배워야 하고, 아이에 관한 모든 기록을 정리하여 보관해야 한다. 아이에게 해당되는 「재활법」 제504조[3])나 개별화교육계획(individualized education program: IEP, 아이를 위한 최선의 지원에 대해 학교 측이 따르기로 합의한 가이드라인)이 있다면 아이의 목표, 진전 보고서 및 평가 결과지 등과 같은 모든 자료를 바인더에 보관해야 한다.

아이가 받고 있는 서비스에 동의하지 않는다면 의견을 말해야 한다. 적극적이고 반복적으로 요청하지 않는다면 변화를 기대할 수 없다. 호의적인 교사나 훈련자도 관심과 시간을 할애해야 할 다른 아이들이 많기 때문에 아이를 우선적으로 봐 주기를 바란다면 그렇게 해 달라고 요청을 해야 한다. 확인된 문제점들과 제안하고 싶은 해결책들의 목록을 가지고 면담에 참석해야 한다. 변호는 협

---

3) 역주: 장애로 인한 차별로부터 장애인의 권리를 보호하고자 제정된 미국의 「재활법」 중 일부 조항이다. 우리나라의 경우 「장애인차별금지 및 권리구제 등에 관한 법률」 또는 「장애인 등에 대한 특수교육법」을 참고할 수 있다.

상이다. 즉, 당신은 현재의 체계에서 무엇이 잘못되었는지 강조해
야 할 뿐만 아니라 함께 논의할 수 있는 현실적인 대안도 준비해야
한다는 뜻이다.

지역 내 교육청에서는 당신에게 특수교육위원회 모임 등을 제공
하는데, 이곳에서 아이들의 요구를 변호해 본 경험이 있는 다른 부
모들에게서 정보를 듣고 배울 수 있다. 학교 체계와 잘 협상하고 아
이에게 필요한 자원을 얻을 수 있는 방법을 알려 주기 위해 특별히
만들어진 소셜미디어 내의 그룹들도 있다.

마지막으로, 아이를 위한 최선의 활동방법을 고려하는 결정을
내리는 것에 압박감을 느끼거나 서두르지 말아야 한다. 가장 안정
된 결정을 할 시간과 자유가 있다. 결정에 완전히 만족하지 못하겠
다면 동의하지 않아도 된다. 그러면 당신의 요구를 다뤄 줄 다른 회
의를 하게 될 수 있다. 당신이 만족스러울 때 개별화교육계획(IEP)
등에 서명해야 한다. 어떤 말을 듣거나 재촉을 받더라도 상관하지
말고 시간을 갖는 것은 괜찮다. 천천히, 꾸준히, 그리고 단호하게
이겨내야 한다.

양육자 조율하기: 당신이 중추이다

당신은 다양한 환경과 각기 다른 전문적 서비스에서 보이는 아
이의 진전을 확인할 권리가 있다. 아이의 삶 안에서의 이러한 중심
적인 역할 덕분에 다른 양육자들과 훈련자들에게 당신은 '가정 기
반'이 될 수 있고, 모든 사람을 효과적으로 협력하도록 할 수 있다.

앞서 말했듯이, 각각의 훈련자는 아이와 함께할 때 서로 다른 것

에 중점을 두기 쉽다. 그러나 그것이 삶의 서로 다른 영역들에 걸쳐서 서로 보완할 수 있는 기술들을 그들이 가르칠 수 없다는 뜻은 아니다. 다른 영역들이 특정한 접근 방식이나 가이드라인을 가지고 있다고 하더라도 다학제적인 접근을 통해 분명히 필수적인 기술들을 다룰 수 있을 것이다. 예를 들어, 작업치료사는 아이에게 글씨를 주의 깊게 따라 쓰는 법을 가르칠 수 있다. 언어치료사는 아이가 글씨를 따라 쓸 때 큰 소리로 읽게 하여 그 목표를 보완할 수 있다. 당신은 글씨를 적절하게 쓰고 읽는 것에 대해 강화제를 주는 강화 절차를 사용함으로써 기여할 수 있다. 이러한 방식으로 모든 훈련자는 그들의 개별적인 훈련 범위 내에서 새로운 기술을 함께 가르칠 수 있다.

모든 사람이 유사한 결과를 얻기 위한 방향으로 단결하기 때문에 전문가들이 효과적으로 협력한다는 것은 목표를 단기간 내에 성취할 좋은 기회라는 것을 의미한다. 훈련자들이 함께하도록 하는 한 가지 방법은 모든 전문가가 함께 모여 현재의 목표와 전략들에 대해 논의할 수 있는 모임을 계획하는 것이다. 이러한 모임은 아이의 더 큰 이득을 위해 협력할 동기를 부여해 줄 수 있다. 직접 모이는 것이 현실적으로 어렵다면 전화 회의나 온라인 미팅도 괜찮다. 전문가들이 생산적이고 건설적인 방식으로 모인다면 모든 훈련 장면, 시간 및 사람에 걸쳐서 일관되게 아이의 새로운 기술이 늘어나고 문제행동이 줄어들 것이다.

당신은 아이의 훈련자들에게 아이의 진전 상황을 정기적으로 알려 달라고 하고, 다른 훈련자들에게 그 내용을 공유해 줄 수 있다. 당신이 괜찮다면 모든 훈련자와 양육자가 완료된 목표, 새로운 목표, 잠재적인 강화제, 그리고 프로그램의 변화된 내용들을 수시로

업데이트하고 서로 간에만 내용을 공유하는 모임을 만들 수도 있다. 당신이 모든 훈련자에게 다른 사람의 진전 기록지를 열람하도록 허락하여 모든 구성원이 목표 설정과 개입 방향을 일관되게 유지할 수 있다.

당신은 누구보다도 많은 시간을 아이와 함께 보낼 수 있기 때문에 커뮤니티 코치의 역할을 하고, 특정 전략을 신중하고 정확히 시행할 수 있는 사람들의 도움을 받음으로써 아이가 기술들을 더 많이 연습하도록 할 수 있다. 예를 들어, 아이가 돈을 세고 지폐를 구분하는 것을 배우고 있다면 당신은 아이를 가게로 데려가 정확한 금액으로 물건을 사고 거스름돈을 세는 방법을 알려 줄 수 있다. 새로운 사람이 있는 새로운 환경에서 아이가 배운 기술을 연습해 볼 수 있는 자연스러운 기회를 만들어 준 것이다.

아이의 성공은 당신에게 달려 있다. 당신은 강력한 ABA 기술들을 사용하고 아이와 함께하는 다른 사람들과 그것을 공유함으로써 아이의 학습이 강화되는 기회를 늘려 줄 수 있다. 그뿐만 아니라 훈련자들이 만나는 다른 사람들의 삶 안에서도 그들이 긍정적인 변화의 역할을 할 수 있도록 준비시킬 수 있다. ABA는 쉽게 사라지지 않는 선물과 같은 것이다!

밝은 미래

ABA: 매우 적응적인 전략

ABA는 몇십 년 동안 특별한 요구가 있는 사람들의 삶을 향상시켜 온 치료적 개입이다. ABA가 자폐증 치료의 뛰어난 기준이 되었던 이유 중 하나는 그것이 치료를 받는 사람들에 따라 개별화되었기 때문이다. 행동 법칙에 기반한 ABA는 거의 대부분의 상황에 적용된다. ABA는 교실, 치료실, 아동 보호 시설, 그리고 체육 시설에서 사용되고, 이러한 환경들에서 이 강력한 훈련방법은 사람들이 목표에 도달할 수 있도록 해 준다.

ABA가 자폐증에 특화된 개입은 아니지만 이 개입의 적용이 갖는 유동성과 적응성 덕분에 이것은 삶을 변화시키는 성공적인 행동 전략으로 자리매김해 왔다. ABA는 개인의 요구에 맞춰 신중히 시행될 때 분명히 효과적인—때로는 놀라울 만큼의—행동변화를 일으킨다.

ABA는 놀이 기반 환경, 구조화된 교실 환경, 가정에서의 개별 환경, 또는 사회성 집단 활동과 같은 다양한 방면에서 시행된다. 목적이나 적용 장면과 상관없이 ABA는 그것 자체로 긍정적인 행동변화를 위한 효과적이고 근거에 기반한 도구이다. 아이에게 적용해 본 경험을 통해 당신은 ABA 전략들을 더 잘 알게 되고 신중히 시행하게 될 것이다.

모든 상황에 대한 ABC 배우기

ABA에서 ABC는 모든 행동변화 프로그램의 구성요소이다. 이전 장들에서 새로운 개입의 기초를 마련하고 아이에게 새로운 기술을 가르치며 긍정적인 행동을 형성하기 위한 방법들을 알려 주었다. 그러나 ABC는 바람직하지 않은 행동을 유지시키는 것이 무엇인지 확인하고 그것에 대해 무엇을 할 수 있을지도 결정할 수 있도록 한다.

2장에서 배웠듯이 A는 행동이 발생하기 전에 일어난 선행사건(antecedent), B는 선행사건 이후에 사람이 보인 반응인 행동(behavior), 그리고 C는 행동 뒤에 일어난 모든 것으로 이후 미래의 행동 발생 빈도를 결정하는 결과(consequence)이다. 어떤 상황에 대한 ABC를 알 수 있는 유일한 방법은 관찰하고 기록하는 것이다. 때로는 행동이 너무 갑자기 나타나서 직전에 무슨 일이 있었는지 알아채지 못할 수도 있고 결과를 너무 빨리 줘 버려서 돌이켜 보면 그 말이나 행동이 의도한 바가 아니었을 수도 있다.

ABC를 아는 것은 각 상황을 한 단계씩 밟아 나가고 신중하게 선행사건을 결정하여 행동의 기능(예: 관심, 접근, 도피)에 대한 단서를 얻게 되는 것을 의미한다. 행동의 발생을 기록하는 것부터 시작한다. 가장 좋은 방법은 2장에서 만들어 본 ABC 기록지에 행동을 기록하는 것이다.

행동을 기록한 뒤 행동이 발생하기 직전에 무슨 일이 일어났는지 모두 떠올려서 선행사건을 적는 칸에 기록한다. 행동의 선행사건을 알면 행동의 기능을 더 정확히 파악할 수 있고 이후 나타나는 동일한 행동에 대해 원하는 결과가 나올 법한 자극을 제공할 수 있다.

당신이 각 상황에 대한 ABC를 확인하는 연습을 많이 해 볼수록 언제 어디서나 발생할 수 있는 아이의 행동에 더 효과적으로 빠르게 반응할 수 있게 된다. 강화, 처벌, 소거, 그리고 차별강화 절차를 사용하는 방법을 알고 있는 것은 긍정적인 행동을 만들고 형성해 나가기 위해 선택할 수 있는 다양한 도구를 손에 쥐고 있는 것과 같다.

행동 계획 세우기

이전 장들에서 아이와 가족의 요구에 적합한 ABA 커리큘럼을 만드는 데 필요한 지식과 방법들을 다루었다. 강화의 힘과 처벌의 효과뿐 아니라 ABA 전문가들이 하듯이 원하는 결과를 얻기 위해 각각을 사용하는 방법도 배웠다. ABA에 대한 지식의 넓이와 깊이 또는 새로운 개입이 얼마나 잘 구성되었는지와 상관없이 잘 계획된 행동 계획이 없다면 효과적인 변화를 얻을 수 없다.

이전의 각 장에서는 그 장에서 배운 절차에 대한 행동 계획을 세워 보았다. 그러나 궁극적인 목표는 원하는 행동이나 사용하려는 전략에 맞는 행동 계획을 세우는 것이다. 따라서 행동에 대한 원하는 결과가 무엇인지와 상관없이 행동 계획에는 특정한 기초적인 구성요소들이 반드시 포함되어야 한다.

모든 행동 계획의 첫 부분은 변화시키려고 하는 행동을 정하는 것이다. 행동 정의는 분명해야 하고 목표는 쉽게 관찰하고 측정할 수 있는 것이어야 한다. 행동 정의는 누구든지 읽고 완전히 이해할 수 있을 정도로 분명하게 명시되어야 한다. 또한 행동변화 계획은 단계적으로 그려져야 하고 당신 및 다른 사람들이 모두 목표가 달성되는 때를 알 수 있을 만큼 행동목표를 명확히 정해야 한다.

다음은 기저선이다. 기저선은 개입을 시행하기 전에 수집한 ABC 자료와 행동의 비율, 빈도, 강도 및 지속 시간 등에 대한 기록이다. 개입을 시작할 때 개입 이전의 행동이 어땠는지 알지 못하면 개입의 효과가 실제로 있는 것인지 알 수가 없다. 기저선 자료는 진전이 있는지 또는 개입이 효과적이지 않아 변경해야 하는지 등을 확인할 수 있도록 한다. 아이가 일주일에 20회 정도 분노 폭발을 보였고, 행동 감소 전략을 사용한 이후 행동의 빈도는 시간이 지남에 따라 계속해서 증가했다고 가정해 보자. 이 경우 개입은 효과가 없었다는 것을 알 수 있다. 그러나 만약 기저선 자료를 수집하지 않았다면 비교할 자료가 없기 때문에 행동의 횟수가 증가하고 있음에도 불구하고 그 개입이 효과 있다고 가정하게 될 수도 있다.

행동 계획에는 자료를 기록하고 계산하는 방법 및 자료를 해석하는 것에 대한 정보도 명확하게 포함시켜야 한다.

행동 계획의 개요가 명확하면 행동변화 프로그램은 성공할 가능성이 높고 개입과정에서 적극적인 역할을 하는 당신과 또 다른 사람들이 사용하기 쉬워진다.

오래된 기술은 강화하고 새로운 기술은 학습시키기

ABA의 목적은 일반적으로 우리의 삶과 우리가 사랑하고 보살피는 사람들의 삶을 향상시켜 줄 수 있는 유의미한 변화를 만들어 내는 것이다. 당신에게는 아이가 스스로 씻거나 신발 끈을 묶는 법을 가르치는 것이 될 수도 있다. 또는 아이가 원하는 것이 있을 때 울거나 소리를 지르는 대신 적절한 방법을 사용하게 되는 것일 수도 있다. 아이가 목표에 도달했을 때 당신은 안도의 숨을 쉬거나 축하 파티를 하고 싶을지도 모른다. 아이의 성장은 당연히 축하할 만한 일이다. 그러나 행동변화가 거기서 멈춰서는 안 된다는 것을 기억해야 한다. 아이가 최근 새롭게 배운 것들을 강화하는 것만큼이나 이전에 배운 기술들을 강화하는 것도 매우 중요하다.

바람직한 모든 행동은 더 많이 강화해야 한다는 것을 기억하라. 아이가 어떤 기술을 습득했을 때 당신은 아이가 그것을 성취했고 다른 것으로 넘어갈 수 있을 것이라고 스스로 생각해서 뒤로 물러나는 경향이 있다. 불행하게도, 그런 태도 때문에 아이의 행동은 후퇴할 수 있고 이전에 습득한 행동을 다시 촉진해야 할 수 있다. 이러한 이유로 아이에게 새로운 기술을 소개하였다고 하더라도 이전에 배운 모든 기술을 지속적으로 강화하도록 주의를 기울여야 한다.

만약 우리가 더 이상 강화가 필요 없을 만큼 어떤 일을 오래했다고 해서 업무 이상의 일을 했을 때 상사가 성과급(정적 강화)을 주지 않는다고 상상해 보자. 더 이상 앞으로 나아가게 할 동기가 없기 때문에 더 성장하고자 하는 욕구는 오래가지 않는다. 마찬가지로 오래전에 습득한 기술들일지라도 긍정적인 행동변화는 여전히 중요하다는 것을 아이가 알아야 한다. 긍정적인 행동이 예전만큼의 강화를 받지는 못하더라도 계속해서 알아만 준다면 높은 빈도로 유지될 수 있다.

아이를 위해 새로운 목표들을 설정해 감에 따라 강화를 제공하는 새롭고 창의적인 방법들을 배우게 될 수도 있다. 한 예로, 어떤 아이에게 신발 끈을 혼자 묶는 법을 가르친 적이 있다. 새로운 행동목표가 생겼지만 아이가 여전히 신발 끈 묶는 것을 매우 자랑스러워해서 새로운 행동에 대한 보상으로 신발 끈을 묶게 하였다. 새로운 행동목표에 대한 정반응을 할 때마다 아이는 자신의 '큰' 신발의 신발 끈을 묶고 싶어 하였다. 이 방법은 새로운 행동을 강화하면서 동시에 신발 끈 묶기를 강화할 수 있는 좋은 기회였다. 이 일화가 일반적인 것은 아니다. 그러나 이처럼 이전의 행동과 새로운 행동 모두를 강화하는 데 충분한 시간을 할애한다면 행동변화 계획의 성공은 유지될 것이다.

전문적인 도움 구하기

이 책의 목적은 가정에서 개입을 쉽게 하도록 하고 놀라운 긍정적 행동변화를 효과적으로 이루어 내도록 하는 것이다. 지금까지 그러한 방법을 배우고 시행해 보았으니 당신은 아이에게 최적화된 치료 계획을 세울 수 있는 위치에 있게 되었다. 강화를 통해 가르치고 증가시키고 싶은 목표행동을 선택할 수 있고, 처벌이나 소거를 신중하게 사용하여 감소시키고 싶은 문제행동을 확인할 수도 있다. 가능하다면, 새로 구상한 ABA 계획에 더해 지역 내에 있는 추가적인 자원들을 찾아볼 것을 권한다. 그 자원들은 이 책에서 배운 절차들을 보완해 줄 수 있고 아이의 삶 안에서의 긍정적인 행동변화를 더욱 촉진할 수 있을 것이다.

자폐증이 있는 아이들은 개개인이 갖고 있는 강점과 약점이 매우 독특하고 복잡하다. 따라서 아이를 위한 지원을 광범위하게 고려하기를 권한다. 지원들은 지금까지 이뤄 온 변화를 강화할 뿐만 아니라 아이가 독립적인 일상생활기술을 습득하고 성취할 가능성을 더욱 높여 줄 것이다. 각각의 전문가는 개입 대상자의 특정한 요구를 향상시키기 위한 목적을 갖고 매우 개별화된 치료적 접근을 한다. 9장에서 언급한 바와 같이, 공통된 목표들을 이루기 위해 효과적으로 기꺼이 협력하고자 하는 전문가들이 응집력 있고 조직화된 방법으로 함께 팀을 꾸리는 것은 아이에게 매우 좋은 일이다.

심리학자와 BCBA

아이가 자폐증상을 보이는 것으로 의심이 될 때 당신은 아이를 심리학자에게 데려가기가 쉽다. 심리학자는 아이가 자폐증 진단기준에 맞는지 결정하는 데 사용되는 평가에 대해 잘 훈련된 사람들이다. 아이가 이미 자폐증 진단을 받았거나 혹은 의심이 되었다면 심리학자 또는 BCBA(행동분석전문가)를 찾아갔을 것이다. 혹은 이미 이러한 전문가들에게 서비스를 받고 있을지도 모른다.

심리학자와 BCBA는 자폐증을 가진 사람들의 치료를 위한 포괄적인 행동 계획을 세우기 위해 함께 작업하기도 한다. 어떤 사람은 심리학자이면서 BCBA이기도 하지만 항상 그런 것은 아니다. 어떤 심리학자는 3,000시간의 수련을 받고 진단 평가(자폐증 진단을 받은 사람이라면 받았던 평가들)를 수행할 자격을 취득한 박사 수준의 정신건강 전문가이다. 그들은 개별 혹은 집단 치료를 진행하고 다른 건강 전문가들과도 협력한다. BCBA는 석사 또는 박사 학위를 갖고 있고 행동 분석적 훈련에 대한 1,500시간의 실습 및 슈퍼비전을 받은 사람이다.

　BCBA는 행동적으로 훈련받은 전문가들이기 때문에 기능적 행동평가(FBA)를 수행하고 기술 습득 계획을 수립하며 행동 감소 계획을 세우고 시행하도록 지원하는 것에 대한 전문가들이다. BCBA는 심리학자 자격증이 있지 않은 이상 정신장애에 대한 진단은 내릴 수 없다. 그러나 BCBA는 언어행동 평가 및 배치 프로그램(Verbal Behavior Milestones Assessment and Placement Program: VB-MAPP), 언어 · 학습기능평가(Assessment of Basic Language and Learning Skills-Revised: ABLLS-R), 그리고 기능적 생활기술평가(Assessment of Functional Living Skills: AFLS)와 같은 행동적인 평가를 일상 환경에서 시행할 수 있다. 이것들은 모두 자폐증을 가진 개인의 능력과 요구를 평가하는 데 사용되는 행동적인 평가들이다.

다른 전문가들

　BCBA 및 심리학자와 더불어 많은 전문가가 자폐증을 가진 아이들과 작업할 수 있도록 훈련받고 아이들의 삶 안에서 긍정적인 행동변화를 일으킬 수 있다. 이러한 전문가들에는 언어치료사, 작업치료사, 물리치료사, 사회기술 코치 등이 포함된다.

　언어치료사는 언어와 의사소통장애에 대한 석사 수준의 과정을 마치고 다양한 언어장애에 대한 평가, 진단, 치료 등에 초점을 두는 사람들이다. 언어치료사의 중요한 목표는 대상자가 정확하게 말하고 언어와 의사소통을 이해할 수 있게 하는 것이다. 작업 및 물리치료사들은 사람들이 효과적으로 움직일 수 있도록 하는 일을 한다. 그러나 물리치료사가 대근육 움직임을 더 집중적으로 다루는 반면, 작업치료사의 훈련은 소근육을 적절하게 움직일 수 있는 능력에 초점을 둔다.

각각의 전문가는 서로 다른 관점과 지지적인 접근을 제공할 수 있기 때문에 한 대상자에 대해 그들이 함께 협력하는 것은 엄청난 이득이다. 예를 들어, BCBA가 어떤 아이에게 눈에 보이는 모든 것을 음성적으로 명명하는 법을 가르치고 있다고 해 보자. 이 목표를 달성하는 데 어려움이 있을 때 BCBA는 언어치료사와 연락하여 아이가 사물들을 더 성공적으로 명명할 수 있도록 돕는 지원책에 대해 의논할 수 있다. 반대로 언어치료사가 가르치는 아이가 집중을 유지하지 못해서 특정 기술을 습득하는 데 어려움이 있을 때 BCBA는 아이의 동기를 높여 주는 것에 대한 간단한 제안을 해 줄 수 있다.

특수 기관

전 세계적으로 특별한 요구가 있는 가족들을 지원하는 것이 주목적인 특수 기관들이 많이 있다. 예를 들어, 지역 센터(Regional Center)는 캘리포니아의 여러 지역에 있는 기관 중 하나로 가족들이 비용 지불 없이 수많은 서비스를 받을 수 있도록 해 주는 비영리 단체이다. 가족들은 지역 센터에서 무료로 진단 검사나 평가를 받

을 수 있고 지원 서비스를 소개받을 수도 있다. 심지어 당신의 능력
으로는 받을 수 없었던 ABA나 다른 치료에 대한 지원금도 받을 수
있다.[4] 대상자는 사례관리자를 지정받는다. 사례관리자는 가족이
치료적인 계획을 세우는 것을 돕고, 그들을 도울 수 있는 기관이나
서비스에 연결해 주며, 수입과 상관없이 아이에게 필요한 것에 집
중할 수 있도록 서비스에 대한 금전적인 지원을 해 줄 수도 있다.

　또 다른 특수 기관으로는 특별한 요구를 가진 사람들에게 맞춰진
사립 기관이나 학교들이 있다. 예를 들어, 캘리포니아 로스앤젤레
스에 있는 헬프 그룹(The Help Group)은 10개 이상의 특수학교, 특
수교육 거주 프로그램, 정신 및 행동 치료 서비스, 직업 지원 프로그
램 등을 담당하는 비영리 단체이다. 모든 기관은 우선적으로 자폐
증 및 유사한 진단을 받은 사람들에게 맞춰져 있다. 특수한 요구를
가진 공동체를 위한 헬프 그룹의 노력으로 캘리포니아 전역에 걸친
6,000명 이상의 특별한 요구를 가진 아이들이 지원을 받고 있다.

　이와 같은 특수 기관들이 모든 지역에 있을 수는 없지만 이 기관
들은 어떤 헌신과 열정이 성공을 이끄는지 보여 주는 상징이 될 수
있다. 당신과 아이가 이용할 수 있는 곳을 찾기 위해서는 당신이 살
고 있는 지역 내를 조사해 봐야 한다.

지지 모임: 온라인과 오프라인

자폐증을 가진 아이들을 돌보고 함께 사는 것은 꽤 힘들고 때로

---

4) 역주: 한국의 경우 '사회서비스 전자바우처'에서 제공하는 발달재활서비스로 다
　양한 치료의 비용 일부를 지원받을 수 있다.

는 좌절할 수 있는 일이다. 특히 특별한 요구가 있는 아이를 키우는 부모가 주변에 거의 없다면 더더욱 그렇다. 주변에 비슷한 상황을 직접 경험한 사람들이 없다면 당신은 외롭고 인정받지 못하기 쉽다.

부모 스스로를 돌보고 지원하기 위해서 지지 모임은 필수적이다. 이 모임을 통해 부모들은 특수교육 정책의 변화, 아이의 요구에 맞는 새로운 지역 내의 프로그램, 그리고 생활의 일부분을 간단하게 해 줄 어떤 물건들에 대한 정보까지도 얻게 될 수 있다. 그뿐만 아니라 좌절감을 공유하고 다른 사람으로부터 지지받고 인정받는 느낌을 나눌 시간과 공간을 갖게 되기도 한다.

부모들이 해야 할 일이 너무나 많기 때문에 지지 모임에 직접 참여하는 것이 어려울 수도 있다. 다행스럽게도, 다양한 소셜미디어 방식을 이용하여 자폐증을 가진 사람들의 부모들에게 특별히 맞춰진 온라인 지지 모임이 매우 많다. 이러한 온라인 지지 모임은 가능한 시간에 이용하고 이동하지 않아도 되기 때문에 다른 부모들과 더 쉽게 만날 수 있다. 또한 이러한 모임을 통해 부모들은 비슷한 경험을 한 전 세계의 수많은 사람과 함께할 수 있다. 이러한 사회적 자원들을 통해 당신은 안도감을 느낄 수 있고 장애를 가진 아이의 부모로서 갖게 되는 책임감에 새롭게 전념할 수 있게 된다.

ABA의 시행: 넬슨 이야기

넬슨은 ABA가 성공적이었던 대표적인 아이이다. 처음 만났을 때 넬슨은 여섯 살이었고 음성적인 언어를 유의미하게 사용하지 못하였다. 넬슨은 말을 할 수 없었기 때문에 사회적 기술 집단에서 친구를 만들고 원하는 것을 얻기 위해 필사적으로 노력하고 있었다.

치료실에서 처음 치료를 시작했을 때 일주일에 30시간 이상 회기를 진행하였다(홈스쿨링을 해서 가능하였다). 넬슨은 말을 할 수 없었기 때문에 주요 의사소통이 문제행동이었다. 넬슨은 배가 고플 때마다 울거나 징징거려 부모님에게 알렸다. 우리의 첫 번째 목표는 좀 더 기능적인 의사소통방법을 찾는 것이었다. 언어가 부족하였기 때문에 우선 넬슨이 우리의 음성적인 소리를 모방할 수 있도록 하는 데 초점을 두었다. 알파벳의 모든 소리를 낼 수 있을 때까지 넬슨이 소리를 듣고 정확히 따라 할 때마다 강화해 주었다.

두 달쯤 후 넬슨은 음성을 듣고 모방하는 기술을 습득하였다. 우리의 다음 단계는 단순하게 철자를 말하는 소리를 의미 있는 언어로 바꾸어 필요한 것을 말할 수 있게 하는 것이었다. 넬슨의 부모님은 아이의 분노 폭발에 반응하는 대신 기다려야 했고, 우리는 넬슨이 원하는 것을 만지도록 하였다. 그다음 그것을 들고 넬슨이 따라 할 수 있도록 명명해 주었다.

아직은 넬슨의 언어기술이 부족했기 때문에 우리는 넬슨이 낸 소리를 단어로 형성해 나가는 데 중점을 두었다. 우리가 사물을 명명하도록 했을 때 넬슨이 하는 모든 말에 대해 사회적 칭찬을 해 주는 것부터 시작하였다. 예를 들어, 넬슨이 칩(감자칩)을 원하면 우리는 그것을 들고 "칩"이라고 말하였다. 그다음 넬슨이 'ㅊ'과 같이 간단한 소리를 따라 하면 칩을 주어 강화해 주었다. 시간이 지남에 따라 'ㅊ'은 '치'로 변했고, 넬슨은 더 많은 강화를 받게 되었다.

넬슨이 원하는 대상을 사용하여 언어를 형성해 나가는 전략은 진전을 더욱 빠르게 하였다. 넬슨의 언어기술을 늘리기 위해 노력했음에도 불구하고 넬슨이 원하는 것을 얻기 위한 주요 방법으로 문제행동을 오랫동안 사용했기 때문에 문제행동은 지속되었다. 우리는 넬슨이 단어와 비슷한 말을 사용하는 것을 계속해서 강화하였고, 또한 분노 폭발을 줄이기 위해 문제행동을 소거하기 시작하였다. 예를 들어, 넬슨이 분노 폭발을 보일 때 우리는 넬슨에게 과자를 먹고 싶으면 진정하고 정중하게 요구해야 한다고 알려 주었다. 말할 필요도 없이 소거 폭발이 이후 3주 동안 지속되었다. 분노 폭발 행동에 대한 소거를 지속적으로 사용하면서 넬슨이 적절하게 요구했을 때 강화해 주는 스케줄을 늘렸다. 차별강화라고 알고 있는 그 조합이다.

넬슨을 칭찬해 주고 얼마나 자랑스러운지 이야기해 주면서 그의 행동을 더 꾸준히 강화하면 할수록 넬슨은 더 적절하게 요구하기 시작하였고 분노 폭발은 줄어들었다. 다양한 장면과 사람에 걸쳐서 넬슨의 기술을 일반화하기 위하여 나는 넬슨의 베이비시터가 동일한 DRO 스케줄을 시행할 수 있도록 훈련시켰다. 그래서 넬슨은 그녀와도 이 기술을 연습하고 유지할 수 있었고, 그것은 성공적이었다! 넬슨의 부모님은 그가 사회적 기술 집단에서도 다른 아이들에게 정중하게 장난감을 요구하기 시작했다고 알려 주었다.

첫 번째 회기가 시작되고 1년 반이 채 되기 전에 넬슨은 다른 아이처럼 보였다. 넬슨은 말을 사용했을 때 어른들이 주는 모든 관심과 사회적 칭찬을 누렸고 항상 말을 하고 있는 것 같았다. 나는 넬슨이 집단에 있는 또래 아이들과 친구가 되기 시작했기 때문에 그의 언어가 향상되고 자신감이 늘어 또래와의 사회적 상호작용까지 늘어날 것이라고 믿었다.

　결국 넬슨과 부모님이 이사를 가느라 종결을 해야 했지만 그 이후로도 종종 넬슨의 부모님으로부터 이메일을 받았다. 넬슨의 부모님에 따르면 넬슨은 학교에서 '가장 친근한' 사람에게 주는 상을 받았고 3학년으로 진급했다고 한다. 이러한 경험들은 ABA를 사용하는 것이 어떻게 삶을 변화시킬 수 있는지, 그리고 목표에 집중하고 일관성을 유지하는 것이 얼마나 중요한지 잊지 않고 생각하게 해 준다.

앞으로 계속 나아가세요!

　당신은 1장부터 아주 먼 길을 왔다. ABA에 대한 많은 것을 배웠고 그 정보들은 아이를 위한 효과적인 행동변화 프로그램을 만드는 데 필요한 필수 기술이 될 것이라고 확신한다. 각기 다른 유형의 강화와 처벌, 소거의 힘, 그리고 유도와 일반화의 중요성뿐 아니라 복잡한 행동을 가르치는 방법들까지도 배웠다.

　이제 당신은 아이가 보이는 문제행동의 이면에 있는 기능을 더 잘 이해할 수 있게 되었고, 아이와 소통하기 위한 아이의 개별화된 요구 및 능력에 대해서도 더 잘 알게 되었다. 또한 아이의 바람직하지 않은 행동을 대체할 수 있는 더 효과적인 의사소통기술을 가르치는 법도 알게 되었다. 더불어 핵심이 되는 적응적이고 사회적인 기술을 가르침으로써 성공적인 미래, 더 나은 독립, 그리고 타인과의 유의미한 관계를 이룰 수 있는 기반을 마련해 주었다. 이 책은 끝이 났지만 ABA의 여정은 시작일 뿐이다.

배우고 지식을 적용해 나가는 과정은 일생 동안 해야 할 일이다. 아이는 계속해서 성장하기 때문에 당신과 아이의 요구를 평가하고 채워 나가는 당신의 능력도 성장해 나갈 것이다. ABA에서 사용되는 기술들은 세월이 흘러도 변하지 않고, 어떠한 상황이든지 항상 아이에게 적용될 수 있다. 당신이 해야 할 일은 언제, 그리고 어떻게 그것을 해야 할지 결정하는 것이다. 아이의 행동을 잘 다룰 수 있도록 이 책에 소개된 기술들과 예들을 다시 살펴보기를 권한다. 아이의 삶뿐만 아니라 당신의 삶에서도 이 기술들을 지속적으로 시행해 나간다면 환경이 어떻든지 잠재적인 성공은 놀라우리만치 계속될 것이다. 그리고 앞으로 계속 나아가야 한다! 이것은 시작에 불과하고 아이의 밝은 미래로 나아가는 첫걸음일 뿐이다.

용어 설명

간격(interval): 강화 스케줄. 사전에 결정된 시간의 경과를 의미함

강화(reinforcement): 행동의 증가로 이끄는 어떤 것의 추가 또는 제거. 정
적 강화, 부적 강화 참고

강화 스케줄(schedule of reinforcement): 제공되는 강화제의 빈도와 시간을
결정하기 위해 사용되는 방법

강화제(reinforcer): 행동 발생 후에 따라오며, 미래에 그 행동이 다시 일어
날 가능성을 높이는 어떤 것

결과(consequence): 행동 직후에 발생하여 미래에 그 행동이 증가하거나
감소할지를 결정하는 사건

과잉교정(overcorrection): 정적 처벌의 한 유형. 바람직하지 않은 행동을
시작했을 때보다 더 좋은 조건으로 환경을 복구시킴

기능적 행동평가(functional behavior assessment: FBA): 관찰에 기초한 분
석적 과정으로, 행동의 기능을 결정하고, 그 기능이 더 적절하게 만족될
수 있는 방법을 브레인스토밍하며, 어떤 변화가 환경 내에 만들어져야
행동변화를 더 잘 지원할 수 있는지를 결정할 수 있게 도움

반응대가(response cost): 특정 행동을 함으로 인해 일정량의 강화제를 잃
게 되는 것

반응차단(response blocking): 정적 처벌의 한 유형. 어떤 사람이 바람직하
지 않은 행동을 하지 못하도록 물리적으로 막는 방법

복합 행동(complex behavior): 작은 행동들의 연쇄로 이루어지는 큰 단위

의 행동들

부적 강화(negative reinforcement): 행동 직후에 바람직하지 않거나 부정적인 무언가를 제거하는 결과를 주어, 미래에 그 행동이 늘어나게 함

부적 처벌(negative punishment): 행동 직후에 바람직하거나 긍정적인 무언가를 제거하는 결과를 주어 미래에 그 행동이 줄어들게 함

비율(ratio): 강화 스케줄. 특정한 개수의 반응을 의미

사회정서적 상호성(socioemotional reciprocity): 대화, 정서의 표현, 공통된 흥미의 공유 등 '정상적'인 사회적 상호작용을 하는 능력

선행사건(antecedent): 행동 직전에 발생한 사건 또는 자극

소거(extinction): 강화받기 위해 사용되었던 행동을 더 이상 강화하지 않는 행위. 비사건(nonevent)이라고도 함

소거 폭발(extinction burst): 소거 절차를 시행한 초기에 행동의 빈도, 강도, 지속 시간 등이 일시적으로 증가하는 현상. 일반적으로 '나아지기 전에 나빠지는' 현상을 일컬음

순행 연쇄(forward chaining): 연쇄적인 행동들의 가장 첫 부분에서 시작하여 이전 단계가 숙달되어야 다음 단계로 넘어가는 연쇄적인 절차

언어적 꾸중(verbal reprimand): 정적 처벌의 한 유형. 실망이나 불허를 표시하는 데 사용되는 언어적 경고

역행 연쇄(backward chaining): 어떤 행동을 가르칠 때 마지막 단계부터 가르치기 시작하여 각 단계를 완성해 가고 첫 번째 단계까지 진행하여 모든 단계를 독립적으로 할 수 있도록 하는 연쇄적인 절차

용암법(fading): 행동적 목표를 독립적으로 수행하도록 하기 위해 촉진을 점차 제거하는 방법

유도(induction): 기존의 자극 또는 선행사건이 있을 때 습득한 행동의 변형이 학습하지 않고도 나타나는 것

유연성(flexibility): 대화와 일과 안에서 '흘러가는 대로 가는' 능력. 예측하지 못한 변화에 대처하는 능력

응용행동분석(applied behavior analysis: ABA): 사람을 둘러싼 환경에 변화를 주어 긍정적이고 사회적으로 적응적인 행동을 강화시키는 것에 중점을 두는 과학

일반화(generalization): 특정한 장소 및 특정한 환경적 요소들 내에서 학습된 반응이 유사한 장소 및 환경 내에서 미리 학습하지 않고도 나타나는 것

자극 일반화(stimulus generalization): 새로운 장소와 새로운 사람들이 있을 때, 친숙한 사람과 친숙한 장소가 있었던 상황과 유사한 방식으로 반응하는 경향성

자발적 회복(spontaneous recovery): 이전에 소거된 행동이 얼마 후 일시적으로 다시 나타나는 현상

전체 과제 제시(total task presentation): 복합 행동이 제시될 때마다 행동연쇄의 모든 단계를 학습시키는 연쇄 절차

정적 강화(positive reinforcement): 행동 직후에 바람직하거나 긍정적인 무언가를 더하거나 제공하는 결과를 주어 미래에 그 행동이 늘어나게 함

정적 연습(positive practice): 정적 처벌의 한 유형. 바람직하지 않은 행동의 적절한 대체행동을 특정 빈도나 시간 길이 동안 반복적으로 행하게 함

정적 처벌(positive punishment): 행동 직후에 바람직하지 않거나 부정적인 무언가를 더하거나 제공하는 결과를 주어 미래에 그 행동이 줄어들게 함

차별강화(differential reinforcement): 바람직한 행동은 늘리고 원하지 않거나 문제가 되는 행동은 줄이기 위하여 강화와 소거를 함께 사용하는 절차

처벌(punishment): 행동의 감소로 이끄는 어떤 것의 추가 또는 제거. **정적 처벌, 부적 처벌** 참고

체벌(corporal punishment): 정적 처벌의 한 유형('정적'은 무언가를 부과하는 것을 의미함). 바람직하지 않은 행동에 대한 반응으로 신체적인 고통을 주는 것

촉진(prompt): 개인이 어떤 반응을 할 수 있게 돕는 일시적인 지원 자극

촉진 의존(prompt dependence): 어떻게 그 행동을 하는지 알고 있음에도

촉진 없이는 행동을 시작하거나 완수하려고 하지 않는 것

최대-최소 촉진(most-to-least prompting): 개입을 가장 많이 하는 촉진을 사용한 후 체계적으로 촉진을 줄여 나가는 방법

최소-최대 촉진(least-to-most prompting): 개입을 가장 적게 하는 촉진에서 점차 개입을 많이 하는 촉진을 사용하는 방법

타임아웃(time-out): 아이로 하여금 친구에게 말하거나 가족과 식사를 하는 것 같은 자연적 강화제에 대한 접근을 잃게 만드는, 일시적 형태의 물리적 고립

타행동 차별강화(differential reinforcement of other behavior: DRO): 특정한 문제행동이 나타나지 않은 것과 연관되어 강화를 제공하고 문제행동은 소거함. **차별강화, 소거** 참고

행동(behavior): 사람이 하는 모든 말 또는 행동. 반응이라고도 함

행동대비(behavior contrast): 어떤 환경에서 처벌, 즉 행동을 줄어들게 하는 개입을 실시했을 때 다른 특정 환경에서는 행동이 반대 방향으로 변화하는 현상

행동형성(shaping): 목표행동과 점차 유사해지는 행동들에 대한 차별강화

추가 정보

미국 기관

Autism NOW
자폐증을 가진 사람들, 가족 구성원, 현장에 있는 전문가들 및 양육자를 위한 지역-기반 지원을 제공하는 전국단위 기관이다.
- www.autismnow.org
- 855-828-8476

The Autism Society of America
전국의 자폐증 관련 회의를 가장 광범위하게 주관하며 장애가 있고 특수교육이 필요한 사람들을 위한 정책 변화에 앞장서고 있는 기관이다.
- www.autism-society.org
- 800-328-8476

Autism Speaks
Autism Speaks는 지역 내에 있는 서비스들을 가족들에게 연결해 주고 다양한 지지 모임을 주관하며, 매년 자폐증을 위한 전국적인 모금 행사를 주최한다.
- www.autismspeaks.org
- 888-288-4762

Autism Support from the US Department of Health and Human Services

일반적인 정보, 선별검사 및 진단, 치료 및 연구, 그리고 자폐증과 관련된 여러 기관의 목록을 제공한다.

- www.hhs.gov/programs/topic-sites/autism/index.html
- 877-696-6775

Autism Support Network

이 지원 단체는 온라인 지지 모임, 심화 학습을 위한 자료 목록, 그리고 뉴스 및 행사 등의 정보를 제공한다.

- www.autismsupportnetwork.com
- 203-404-4929

The Help Group

자폐증 및 그와 유사한 진단을 받은 대상자들을 위한 열 개 이상의 특화된 주간 학교, 특수 교육 주거 프로그램, 정신 및 행동 치료 서비스, 직업 체험 훈련 등을 제공하는 캘리포니아에 기반을 둔 비영리 단체이다.

- www.thehelpgoup.org
- 877-994-3588

LA FEAT

새롭게 자폐증 진단을 받은 아이의 부모님들을 위한 안내를 제공하고 지지 모임을 주관하는 로스앤젤레스에 기반을 둔 비영리 단체이다. 자폐증 전문가들이 중요한 정보를 서로 공유할 수 있는 모임을 주관하기도 한다.

- www.lafeat.org
- E-mail: michael@lafeat.org

L.A. Parent

L.A. Parent는 아이의 역량 수준과는 상관없이, 모든 부모님이 지지받고 있다고 느낄 수 있는 장을 마련하기 위해 노력하고 있다. 이 단체는 부모님들이 그들의 지역 내에서 이용할 수 있는 서비스들에 접근할 수 있도록 연중 다양한 무료 특수 지원 박람회를 개최한다. 또한 남부 캘리포니아에서 가장 영향력 있는 특수 지원 잡지 중 하나를 배포한다.

- www.laparent.com
- 818-264-2222

한국 기관

사회서비스 전자바우처 포털

보건복지부에서 운영하고 있으며 장애인 활동지원 서비스, 장애아동가족 지원사업, 발달장애인 지원사업 등에 관한 정보를 얻을 수 있다. 특히 장애 아동의 인지, 의사소통, 적응행동, 감각 및 운동 등의 기능향상과 행동발달을 위하여 제공되는 다양한 서비스의 비용 일부를 지원해 주는 발달재활서비스에 대한 정보를 얻을 수 있다. 대상별 이용 가능한 복지서비스는 '복지로(www.bokjiro.go.kr)'에서도 조회가 가능하다.

- www.socialservice.or.kr
- 보건복지 관련 상담서비스 (국번없이) 129

한국자폐인사랑협회

자폐증을 가진 사람과 가족들을 위한 상담 및 가족사례관리, 생애주기별 역량강화 및 가족지원, 자립 및 사회통합 지원, 교육 및 연구, 권리옹호, 인식개선, 정책개발 및 제도개선사업 등을 진행하는 비영리 단체이다.

- www.autismkorea.kr
- 02-445-5444

한국장애인개발원(중앙장애아동 발달장애인지원센터)

장애아동 및 발달장애인 대상 서비스의 종합 안내 및 연계, 맞춤형 복지서비스 개발 및 복지전달체계의 중추기관이다.

- www.koddi.or.kr(www.broso.or.kr)
- 02-3433-0600 (02-3433-0742)

한국응용행동분석전문가협회

행동분석전문가(BCBA) 및 준행동분석전문가(BCaBA)는 미국에 소재한 국제행동분석자격위원회(Behavior Analyst Certification Board: BACB)에서 엄격하게 관리하여 부여하는 자격증이다. 한국응용행동분석전문가협회는 국내에 있는 BCBA 및 BCaBA들이 참여하여 설립한 단체로, 응용행동분석에 기반한 서비스를 보다 전문적으로 제공할 수 있도록 전문가를 교육하고 양성하는 역할을 하고 있으며, 서비스를 제공할 수 있는 전문가 및 기관들을 소개하고 있다.

- www.bcba.co.kr

참고문헌

Dawson, G., Jones, E. J. H., Merkle, K., Venema, K., Lowy, R., Faja, S., ··· Webb, S. J. (2012). Early behavioral intervention is associated with normalized brain activity in young children with autism. *Journal of the American Academy of Child & Adolescent Psychiatry, 51*(11), 1150-1159. doi:10.1016/j.jaac.2012.08.018.

Luby, J., Belden, A., Harms, M. P., Tillman, R., & Barch, D. M. (2016). Preschool is a sensitive period for the influence of maternal support on the trajectory of hippocampal development. *Proceedings of the National Academy of Sciences: Early Edition, 113*(20), 5742-5747. doi:10.1073/pnas.1601443113.

Strassberg, Z., Dodge, K. A., Pettit, G. S., & Bates, J. E. (1994). Spanking in the home and children's subsequent aggression toward kindergarten peers. *Development and Psychopathology, 6*(3), 445-461. doi:10.1017/S0954579400006040.

부록

기록지 양식

ABC 기록지

시간	선행사건	행동	결과	가능한 기능 (또는 목표)

강화 기록지

날짜	시간	목표행동	사용된 강화제	결과 (+ 또는 -)

반응대가 기록지

간격 #	남은 _____의 수	결과(+ 또는 -)
1		
2		
3		
4		
5		
6		
7		
8		
9		
10		

빈도 소거 기록지

- 대상:

- 행동목표:

일	문제행동 빈도
기저선 1	
기저선 2	
기저선 3	
소거 1일	
소거 2일	
소거 3일	

지속 시간 소거 기록지

- 대상:

- 행동목표:

일	문제행동 지속 시간(분)
기저선 1	
기저선 2	
기저선 3	
소거 1일	
소거 2일	
소거 3일	

DRO 기록지

• 시간 간격:

• 문제행동:

간격 #	발생 횟수	결과(+ 또는 −)
1		
2		
3		
4		
5		
6		
7		
8		
9		
10		

찾아보기

저자 소개

Victoria M. Boone

Victoria M. Boone, MA는 행동분석전문가(Board Certified Behavior Analyst: BCBA)이며 행동변화 컨설턴트이다. 그녀는 캘리포니아 반 누이스에 위치한 해밀턴 센터(Hamilton Center)의 소장으로, ABA(applied behavior analysis, 응용행동분석) 기관인 이 센터는 사람들이 자신의 삶의 질을 향상시키도록 돕는 것에 헌신하고 있다. 그녀는 또한 ABA에 대해 열정적인 대학원생들에게 슈퍼비전을 제공하고, 다양한 기법을 실행할 수 있게 직원들을 훈련시키며, 지역사회에서 부모교육 세미나와 전문적인 워크숍을 주최하고 있다.

역자 소개

이승연(Seung-yeon Lee)

Ph.D. in University of Iowa
현 이화여자대학교 심리학과 정교수
　　이화여자대학교 아동발달센터 소장

〈주요 저서 및 역서〉
대학생과 자살(공저, 박영사, 2017)
학교폭력과 괴롭힘 예방: 원인진단과 대응(공저, 학지사, 2014)
아동 · 청소년상담: 이론, 발달 및 다양성의 연계(공역, 시그마프레스, 2019)
학교기반 컨설테이션(공역, 학지사, 2016)

신지명(Jee-myoung Shin)
이화여자대학교 심리학과 석사
현 캣츠아동행동연구소 소장
　　행동분석전문가(BCBA)
　　ESDM Certified therapist

자폐증이 있는 아이를 위한 긍정양육:
내 아이의 성장과 발달을 돕기 위한 강력한 양육전략
응용행동분석에서 답을 찾다

Positive Parenting for Autism:
Powerful Strategies to Help Your Child Overcome
Challenges and Thrive

2020년 9월 10일 1판 1쇄 인쇄
2020년 9월 20일 1판 1쇄 발행

지은이 • Victoria M. Boone
옮긴이 • 이승연 · 신지명
펴낸이 • 김진환
펴낸곳 • ㈜ **학지사**

　　　　04031 서울특별시 마포구 양화로 15길 20 마인드월드빌딩
대표전화 • 02-330-5114　　팩스 • 02-324-2345
등록번호 • 제313-2006-000265호

홈페이지 • http://www.hakjisa.co.kr
페이스북 • https://www.facebook.com/hakjisak

ISBN 978-89-997-2161-8　93370

정가 13,000원

이 도서의 국립중앙도서관 출판시도서목록(CIP)은 서지정보유통지
원시스템 홈페이지(http://seoji.nl.go.kr)와 국가자료공동목록시스템
(http://www.nl.go.kr/kolisnet)에서 이용하실 수 있습니다.
(CIP 제어번호: CIP2020032873)

출판 · 교육 · 미디어기업 **학지사**

간호보건의학출판 **학지사메디컬** www.hakjisamd.co.kr
심리검사연구소 **인싸이트** www.inpsyt.co.kr
학술논문서비스 **뉴논문** www.newnonmun.com
원격교육연수원 **카운피아** www.counpia.com